强国之梦

海军及其武器装备

QIANGGUO ZHIMENG

未来军官之路丛书
WEILAI JUNGUAN ZHILU CONGSHU

本丛书编委会　肇　锐◎编著

世界图书出版公司
广州·上海·西安·北京

图书在版编目（CIP）数据

强国之梦：海军及其武器装备/《未来军官之路丛书》
编委会编．—广州：广东世界图书出版公司，2009.10（2021.5 重印）
（未来军官之路丛书）

ISBN 978 - 7 -5100 - 1055 -2

Ⅰ．强… Ⅱ．未… Ⅲ．①海军 - 军事史 - 世界 - 青少年
读物②海军 - 武器装备 - 青少年读物 Ⅳ. E19 - 49　E925 - 49

中国版本图书馆 CIP 数据核字（2009）第 169539 号

书　　名	强国之梦：海军及其武器装备
	QIANGGUO ZHIMENG HAIJUN JIQI WUQI ZHUANGBEI
编　　者	《未来军官之路丛书》编委会
责任编辑	刘国栋
装帧设计	三棵树设计工作组
责任技编	刘上锦　余坤泽
出版发行	世界图书出版有限公司　世界图书出版广东有限公司
地　　址	广州市海珠区新港西路大江冲 25 号
邮　　编	510300
电　　话	020-84451969　84453623
网　　址	http://www.gdst.com.cn
邮　　箱	wpc_gdst@163.com
经　　销	新华书店
印　　刷	三河市人民印务有限公司
开　　本	787mm×1092mm　1/16
印　　张	13
字　　数	160 千字
版　　次	2009 年 10 月第 1 版　2021 年 5 月第 7 次印刷
国际书号	ISBN　978-7-5100-1055-2
定　　价	38.80 元

"光辉书房新知文库"

总策划/总主编:石 恢

副总主编:王利群 方 圆

本书作者

张晓伟 白生江

序：立国防之志，走未来军官之路

古往今来，军事人才始终是战争制胜之本。在人类政治与军事活动的历史舞台上，军事教育始终扮演着举足轻重的角色。唤发年轻一代的国防热情和献身勇气，为军队储备和输送最优秀的人才，一直是国家政治生活中的大事。而军官，是部队基本战斗单元中的中坚力量，是部队战斗力的重要组成部分。有专家甚至把未来战争说成是"军官的较量"。可见，要确保我军在未来战争中占据优势，就必须下大力加强军官队伍建设，高起点培养军官人才。而培养新型军事指挥人才，既是个长期的任务，又是当务之急。

从根本上说，要培养出未来高素质的军官，并不只是军队建设的事情，而是全民教育的事业。只有我们的青少年朋友们从小树立起国防安全的意识，了解我们国家军事的现状和未来的发展，激发出献身国防事业的热忱和兴趣，未来高素质的军官才有不竭之源泉。

军事斗争是人类斗争的最高领域，国与国之间比拼的是综合国力，军人与军人之间比拼的就是各种能力和素质。现代军事科学是一门范围广博、内容丰富的综合性学科。军事教育有助于学生培养自己高贵的品质，锤炼自已坚强不屈的意志、坚韧不拔的毅力、不畏艰难险阻的勇气和百折不饶的精神。对于青少年非智力因素的培育具有其他学科所无法替代的重要作用。

成为一个叱咤风云的军事人才，也正是许许多多青少年朋友的梦想。为了帮助青少年朋友了解国防知识，提高国防热情，献身国防事业，实现自己的梦想，我们邀请了一批长期活跃在部队一线的军事专家，为广大青少年朋友及军事爱好者精心编写了这套"未来军官之路"丛书。

本丛书共包括 13 个分册，它们分别是《大地雄风——陆军及其武器装备》《强国之梦——海军及其武器装备》《鹰主长空——空军及其武器装备》《未来之王——天军及其武器装备》《战场梦魇——非常规武器装备》《钢铁之旅——军事史上著名战斗团体》《将星摇篮——世界著名军事院校传奇》《逐鹿问鼎——人类历史上的著名战争》《野外生存——军事基本技能应用》《起航——未来军官素质培养》《没有硝烟的战争——信息战》《不战而屈人之兵——心理战》《天平的砝码——当今世界军事热点》

这套丛书着眼于世界新的军事革命的现状和发展趋势，不仅对海、陆、空等传统的军种进行了详实而系统的介绍，也有对未来新的战争形态、新的军事组织与武器的介绍。不仅对历史上那些叱咤风云的战斗团体、军事院校、非常武器等等进行了生动有趣的描述，还从部队工作和军官素质、能力要求的实际出发，介绍了军人质培养，军事技能提高，以及高科技的信息战、心理战等内容。集思想性、知识性、趣味性于一体，是一套实用的军事知识科普读物。

立国防之志，走未来军官之路！愿这套书能成为广大青少年朋友和军事爱好者的良师益友。

本丛书编委会

目　录

引　言

我们生存的地球,其实是一个"水"的世界,因为其中70%以上都被水覆盖。科学研究告诉我们,海洋里有无穷无尽的财富,它是一个巨大的蓝色宝库。

由于世界"人口剧增、资源匮乏、环境恶化"三大问题日益突出,陆地资源日益减少,国际上把未来世界的发展寄托在海洋,预计2010年以前,全球80%的人口将生活在距离海岸100千米以内的地方,海洋成为各国竞争的焦点。海洋,将成为21世纪人类社会发展和资源可持续开发利用的重要领域,谁能更好地掌握海洋资源的开发技术,谁就将赢得21世纪经济发展的更大空间。

而海洋也是一个国家的前哨和门户,海上力量是否强大,成为衡量一个国家强弱的重要标志,海洋权益的得失,则直接影响国家主权利益和生存发展空间。20世纪90年代以来,海洋在全球的战略地位日趋突出,随着海洋法公约的生效,全球海洋面积的30%将划归沿海国家管辖,世界各国对海洋权益和资源的争夺日益加剧。海洋的战略意义使其成为国际竞争的新高地,目前,几乎所有的世界海洋大国都制定了海洋开发与管理政策,力争在本世纪全面维护各自的海洋权益。

21世纪,随着世界政治、经济格局的不断变化,各国围绕海洋权益的争夺日趋激烈。新形势下,和平利用海洋资源、维护国家海洋权益、建设现代化海洋强国已成为我国国防建设的战略性目标。

未来军官之路 WeiLai JunGuan Zhi Lu

1

一、世界海军发展历程

海军是一个国家对海上军事和防御的全部军事组织,包括舰艇、人员和海军指挥机构。现代海军通常由水面舰艇部队、潜艇部队、海军航空兵、海军岸防兵和海军陆战队等兵种及专业兵组成。主要装备有作战舰艇、辅助舰船、飞机和岸基防御武器,配备有战略导弹、战术导弹、火炮、水中武器、战斗车辆等,具有在水面、水下、空中及对岸上实施攻防作战的能力;有的还具有实施战略袭击的能力,可独立或与其他军种协同执行海洋机动作战。

海军的产生和发展源远流长,从原始简单的古代战船发展到多系统的现代舰艇,经历了数千年的漫长过程。

1. 木质桨帆战船时代

古代埃及、腓尼基、中国、希腊是世界造船和航海的发源地。古代埃及的造船和航海历史最为悠久,可追溯到公元前3000多年。

最早的战船于公元前1200多年出现于埃及、腓尼基和希腊,主要用桨划行,有时辅以风帆。

地中海桨帆船

中国造船技术在历史上一度处于领先地位,在 7000 年前已能制造独木舟和船桨,春秋战国时期(公元前 770～前 221)已建造用于水战的大型战船。公元前 5 世纪,地中海国家已建立海上舰队,有双层和三层桨战船,首柱下端有船首冲角。

腓尼基"加莱"双层桨战船

古代史上著名的布匿战争(公元前 264～前 146)中,罗马舰队用这种战船击溃海上强国迦太基,建立了在地中海的海上霸权。中国在三国时期(220～280),有高三、四层的"楼船"以及"蒙冲"、"走舸"、"赤马"等多种船型,并且已有风帆战船。南北朝时期发明车船(亦称车轮船、轮桨船),以脚踏木轮推进。

公元 11 世纪,中国已将指南针用于航海。唐、宋时期(618～1279)使用了水密隔舱、减摇舭骨,舰船建造工艺方面采用画"船样"设计施工、铁钉联接、桐油加麻丝捻缝技术、船渠修造、仿照船模造船、滑道下水等,木质舰船建造技术已达到比较成熟的阶段。明代(1368～1644)已有关于造船的专著《南船记》、《龙江船厂志》;关于航海技术的专著《指南正法》、《渡海方程》,以及涉及大量战船武备的《武备志》等。

郑成功北伐之战船

15世纪,中国舰船已成为世界上最大、适航性最好的船舶。郑和(1371或1375～1433或1435)率领当时世界上最大的船队七下西洋,已能综合使用陆标导航、罗经指向、天文定位、计程、计时等技术,留下了著名的《郑和航海图》。

西方帆船舰队的发展,帆装和驶帆等技术的日趋完善,对15～16世纪新航路的开辟及殖民地的掠夺和开发起了推动作用。中国古代海军兵器除刀、矛、弩、矢等冷兵器外,还有专门用于水战的长钩矛、长斧、钩拒、拍竿等。在世界历史上,中国最

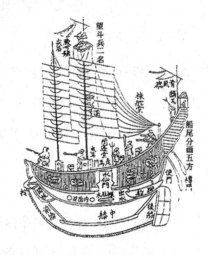

戚继光率领的大福船

早出现火药武器。明洪武十年(1377)中国战船开始装备金属管形火器——火铳;明代唐顺之(荆川)所辑《武编》(1549)记载有人工操纵的"水底雷"等。古代生产力低下,科学技术不发达,海军技术发展缓慢,使用木质桨帆

战船,一直延续几千年。船上战斗人员,主要使用刀、矛、箭、戟、弩炮投掷器和早期的火器等进行交战。

2. 机器动力钢铁战舰时代

18世纪,蒸汽机的发明,冶金、机械和燃料工业的发展,使得造船的材料、动力装置、武器装备和建造工艺发生了根本变革,为近代海军技术奠定了物质基础。军舰开始采用蒸汽机作为动力装置。

战列舰

初期的蒸汽舰,以明轮推进,同时甲板上设置有可旋转的平台和滑轨,使舰炮可以转动和移动。与同级的风帆战舰相比,其机动性能和舰炮威力都大为提高。19世纪30年代,发明了螺旋桨推进器。1849年,法国建成第一艘螺旋桨推进的蒸汽战列舰"拿破仑"号。此后,法、英、俄等国海军都装备蒸汽舰。60年代出现鱼雷后,随即出现装备鱼雷的小型舰艇。70年代,许多国家的海军从帆船舰队向蒸汽舰队的过渡已基本完成,海军的组织体制、指挥体制进一步完善,军舰日益向增大排水量、提高机动性能、增强舰炮攻击力和加强装甲防护的方向发展,装甲舰尤其是由战列舰和战列巡洋舰

组成的主力舰,成为舰队的骨干力量。

　　20世纪初,柴油机—电动机双推进系统潜艇研制成功,使潜艇具备一定的实战能力,海军又增加了一个新的兵种。英国海军装备"无畏"级战列舰和战列巡洋舰以后,海军发展进入"巨舰大炮主义"时代。英、美、法、日、意、德等海军强国之间,展开以发展主力舰为中心的海军军备竞赛。美国人艾尔弗雷德·塞耶·马汉提出的海权论理论,适应了这种海洋战略的需要,为

一战时期的俄国海军"光荣"号战舰

海军大国所推崇。1914年第一次世界大战爆发时,各主要参战国海军共拥有主力舰150余艘,装备鱼雷的小型舰艇成为具有可以击毁大型战舰的轻型海军兵力。20～30年代,海军有了第一批航空母舰和舰载航空兵,岸基航空兵也得到发展,海军航空兵成为争夺海洋制空权的主要兵种。至此,海军已发展成为由多兵种组成的,能在广阔海洋战场上进行立体作战和合同作战的军种。

3. 第二次世界大战时期

由于造船焊接工艺的广泛应用、分段建造技术和机械、设备的标准化,保证了战时能快速、批量地建造舰艇。舰载机的研制和使用技术日趋成熟,在提高飞机投弹命中概率的基础上,又解决了鱼雷攻击的技术,其攻击效果超过重型舰炮。

二战时期美国的军舰

第二次世界大战中,舰载航空兵、航空母舰和潜艇,得到了迅速发展。交战双方主要海军国家拥有航空母舰总数由战前的近30艘,发展到140余艘;潜艇由350艘发展到1500余艘,它们成为海军的主要突击兵力。战列舰和战列巡洋舰逐渐失去主力舰的地位。在袭击塔兰托、袭击珍珠港、中途岛海战、珊瑚海海战、菲律宾海战、大西洋之战中舰载航空兵和潜艇显示出强大的突击威力;航空母舰编队或航空母舰编队的机动作战、潜艇战和反潜艇战成为海战的重要形式,改变了传统的海战方式。磁控管等电子元器件、微波技术、模拟计算机等关键技术的突破,出现了舰艇雷达、机电式指挥仪等新型装备,使水面舰艇攻防能力大为提高。潜艇对水面舰艇和海上交通线的严重威胁,推动了声呐和鱼雷、深水炸弹等反潜武器的发展。对海洋环境

日本二战时期航母"赤诚"号

中目标所具有的磁性、水压、光电、音响、温度等特定物理场的研究,促进了潜艇、反潜舰艇、反水雷舰艇、水中武器和水中探测设备的发展,各型勤务舰船和登陆作战舰艇的问世,加强了海军基地作战指挥、海岸防御、舰艇和飞机驻泊、勤务保障、装备修理等体系的建设,所需的各种技术也逐步形成许多新的分支学科。海军技术从吸收应用、派生、移植基础技术,逐渐地自主发展成为专门技术。

4. 现代高科技武器时期

自人类进入了核时代,核导弹、核鱼雷、核水雷、核深水炸弹便相继出

现,潜艇、航空母舰和巡洋舰向核动力化发展。20世纪50～60年代,喷气式超音速海军飞机搭载航空母舰之后,垂直/短距起落飞机、直升机等又相继

美军"海狼"级攻击核潜艇

装舰,使大、中型舰艇普遍具有海空立体作战能力;潜射弹道导弹、中远程巡航导弹、反舰导弹、反潜导弹、舰空导弹、制导鱼雷、制导炮弹等一系列精确制导武器装备海军,进一步增强了现代海军的攻防作战、威慑和反威慑的能力。20世纪70年代以后,军用卫星、数据链通信、相控阵雷达、水声监视系统、超低频对潜通信、电子信息技术和电子计算机的广泛应用,使现代海军武器装备正逐步实现电子化、自动化、系统化,并向智能化方向发展,使海军技术发展成为高度综合的技术体系。

　　20世纪90年代,世界上拥有海军的国家和地区有100多个,组织编制各不相同。

　　随着国际贸易和航运的日益扩大,海洋开发的扩展,国际海洋斗争日趋激烈。濒海国家都非常重视海军的建设和发展,不断运用科学技术的新成

971"鲨鱼"级攻击核潜艇是俄罗斯最先进的攻击核潜艇

果,发展海军的新武器、新装备,提高统一指挥水平、快速反应和超视距作战能力。

二、中国人民解放军海军发展史

1. 创建和发展

中国人民解放军海军是中国人民解放军编制序列中以舰艇部队和海军航空兵为主体,担负海上作战任务的独立军种。

1949 年,华东军区海军成立

1949 年 4 月 23 日,中国人民解放军海军的前身华东军区海军在江苏省泰县白马庙乡成立,张爱萍任司令员兼政治委员。1989 年 3 月,中央军委批准确定 1949 年 4 月 23 日为人民海军成立日。1950 年 4 月 14 日,海军领导机关在北京成立,这是中央军事委员会领导和指挥的海军部队最高统帅机关,萧劲光任司令员,刘道生任副政治委员兼政治部主任;同年任命王宏坤为副司令员,罗舜初为参谋长,随后相继组建了东海舰队、南海舰队和北海舰队。1953年2月,毛泽东主席视察海军舰艇部队,为5艘舰艇写下了5张同样的题词:"为了反对帝国主义的侵略,我们一定要建立强大的海军!"

60年来,在党中央、中央军委的正确领导下,人民海军不断发展壮大,陆续组建了海军水面舰艇部队、海军潜艇部队、海军航空兵、海军岸防部队和海军陆战队五大兵种体系。

在万山海战中荣立战功的木壳船

海军水面舰艇部队编有驱逐舰、护卫舰、猎潜艇、导弹艇、鱼雷艇等战斗舰艇和勤务舰船部队,具有在海上进行反舰、反潜、防空、水雷战和对岸攻击等作战能力。潜艇部队编有常规动力潜艇和核动力潜艇部队,具有水下攻击和一定的核攻击能力。担负战略核攻击任务的核动力潜艇部队,直接由中央军委指挥。海军航空兵编有轰炸航空兵、歼击轰炸航空兵、强击航空兵、歼击航空兵、反潜航空兵、侦察航空兵部队和警戒、电子对抗、运输、救护、空中加油等保障部(分)队,具有侦察、警戒、反舰、反潜、防空等作战能力。海军岸防部队编有岸舰导弹部队和海岸炮兵部队,具有海岸防御作战能力。海军陆战队编有陆战步兵、炮兵、装甲兵、工程兵及侦察、防化、通信等部(分)队,是实施两栖作战的快速突击力量。

改革开放以来,人民海军武器装备现代化建设的步伐不断加快,国家和军队集中人力、财力和科技力量,重点对海军的一些高新技术项目和关键技术环节进行了攻关,使一批高新技术成果用于急需的海战装备建设,一批新

中国海军即将受阅常规潜艇

型武器装备提前完成研制并交付海军各兵种的部队使用。数字网络技术和各型舰载自动化指挥系统进入成熟应用阶段;导弹技术取得重要突破;新型导弹护卫舰、导弹驱逐舰、隐形导弹艇、新型常规潜艇、高性能岸基作战飞机、舰载直升机等不断问世,远海综合补给舰装备整体水平大幅提高,国产

舰艇编队出访的航迹遍布五大洲、四大洋上的几十个国家，先后与俄罗斯、美国、法国、英国等多个国家海军举行海上联合军事演习。

经过60年艰苦卓绝的发展，人民海军从战略思想到作战装备发展都有了新的变化，整体建设步入了跨越式发展的快车道，远海综合作战能力跻身世界先进行列，正沿着建设一支与国家地位相称的、强大的人民海军的道路奋勇向前。

2. 现有兵力和舰队编成

中国人民解放军海军现役兵力约23.62万人，占解放军总人数的10%。其中包括海军航空兵2.5万人，海军岸防部队2.5万人，海军陆战队4万人。海军下辖三个舰队，分别是北海舰队、东海舰队和南海舰队。每支舰队下辖水警区、舰艇支队、舰艇大队等部队。

北海舰队051C级驱逐舰主炮开火攻击

北海舰队是中国海军唯一拥有核动力弹道导弹潜艇的舰队。司令部设于山东青岛。下辖青岛(辖威海、胶南水警区)、旅顺基地(辖大连、营口水警区)、葫芦岛基地(辖秦皇岛、天津水警区)。其中葫芦岛基地为核潜艇母港。

东海舰队负责防卫中国东海水域的安全。司令部设在浙江宁波。下辖上海基地(辖连云港、吴淞水警区)、舟山基地(辖定海、温州水警区)、福建基地(辖宁德、厦门水警区)。

东海舰队某支队出海训练

南海舰队负责防卫南中国海水域,特别是南海诸岛的安全。司令部设在广东湛江。下辖湛江基地(辖湛江、北海水警区)、广州基地(辖黄埔、汕头水警区)、榆林基地(辖海口、西沙水警区)。

三、中国周边国家和地区海军实力解析

1. 日本海上自卫队

作为一个海岛国家,日本在发展海上兵力方面不遗余力。目前,日本海军已经成为一支兵种齐全、装备先进,并具有较强反潜能力、远洋机动作战能力和扫雷能力的精干海军,是当今亚洲乃至世界最强大的海上力量之一。

日本"八八"舰队

日本海上自卫队现有总兵力4.6万人;作战舰艇48级,155艘,满载排水量57.687万吨;作战飞机19型,249架。其中包括潜艇4级,20艘,排水量6.75万吨;驱逐舰10级,45艘,排水量26.99万吨;护卫舰2级,8艘,2.09万吨;两栖舰艇4级,13艘,4.558万吨;固定翼飞机116架,直升机133架。编成4支"八八"护卫队群(舰队)、2个潜艇队群、6个地方护卫队及1

日本海上自卫队

个输送队,1 个海上补给队和若干个训练、支援队。

日本的海军主力为 4 支"八八"舰队,每支舰队都由 1 艘直升机驱逐舰、2 艘防空型导弹驱逐舰(含 1 艘"金刚"级驱逐舰)和 5 艘通用型驱逐舰,再配以 8 架直升机(直升机驱逐舰携带 3 架,通用驱逐舰每舰 1 架)组成。

组成"八八"舰队的驱逐舰均系 80 年代以后建造的新型舰艇,排水量大,续航能力远;配备有最先进的反潜、防空和反舰系统,其远洋作战能力非同小可。尤其是居于"八八"舰队核心地位的"金刚"级导弹驱逐舰更是值得一提。"金刚"级驱逐舰标准排水量 7250 吨,采用 COGAG 推进方式,最高航速 30 节。装备的"宙斯盾"系统一次可探测 200 个目标,并跟踪其中最具威胁的 18 个目标,同时引导 3 枚导弹进行攻击,其攻防能力异常强大,具备舰队区域防空能力。除了"金刚"级舰外,日本海军的"朝雾"级、"村雨"级驱逐舰,"潮"级潜艇,P-3C反潜巡逻机等均属亚洲最先进的海军装备,高新技术含量相当高。

日本"大隅"号运输舰

日本海上自卫队舰艇武器装备的"大型化、现代化、系统化"研发思想,大大提高了舰队的战斗能力。无论水面舰艇、潜艇,还是岸基和舰基反潜飞机或直升机,均装备有作用距离远、精度高、威力大的导弹和火箭。此外,日本热心致力于航母与核武器的发展。"大隅"级大型运输舰的建造始于1996~2000年度的5年计划之初,日本防卫当局虽宣称此舰是运输舰,但其实是以建造大型运输舰的名义,建造既可用于运输部队和作战装备,又在必要时可搭载多架舰载机的"准航母"。该舰飞行甲板长130米,宽23米,排水量8900吨,装有先进的作战指挥与控制系统,既可搭载直升机,亦可搭载垂直起降机,完全可以作为轻型航母使用。如果应用英国制造的专用改装设备器材,48小时之内就可以将该舰改装成轻型航空母舰。"大隅"级运输舰的建造,是日本打破建造舰母禁区的深度尝试,是日本迈向制造航空母舰的重要一步。目前,日本正在准备建造排水量达 1.5 万吨的新型"运输舰"。

今天的日本,已经是一个拥有核技术的"准核"国家。有关专家指出:日本可以在一周内拥有可以使用的核武器。事实上,日本已经进行过核爆炸和多次计算机核模拟研究,早就掌握了有关的核技术。即使现实不允许日本拥有核武器,聪明的日本人自会另辟捷径。

未来的日本,最可能的是通过建造核动力潜艇而拥有一定的核威慑能力。日本海军装备的最新型"潮"级潜艇,采用的是加长水滴型,水下排水量达 2700 多吨,改装成核动力潜艇是轻而易举的事。日本海军正在等待国内国际政治气候的变化,一旦有机可乘,日本的弹道导弹核潜艇就会应运而生,以使日本海军具备更为强大的战斗力。

2. 印度海军

印度地处南亚次大陆,三面环海,是马六甲海峡、霍尔木兹海峡、曼德海

印度海军"德里"号导弹驱逐舰发射 SS－N－25 型"明星"舰舰导弹

峡、波斯湾以及好望角等进出印度洋的咽喉要道,战略地位异常重要。多年以来,打造一支具备"远洋歼敌"的"蓝水海军",实现主宰印度洋、称雄全世

界的大国复兴梦是印度几代人不懈追求的奋斗目标。

印度海军现役人数为 55 万,其中包括 7000 名海上航空兵和 2000 名海军陆战队员。作战舰艇 38 级,146 艘,满载排水量 37.5409 万吨;作战飞机 19 型,169 架。其中,航空母舰 1 艘,排水量 2.87 万吨;驱逐舰 2 级,8 艘,排水量 2.487 万吨;护卫舰 8 级,36 艘,排水量 6.6098 万吨;潜艇 3 级,16 艘,排水量 4.311 万吨;两栖舰艇 4 级,17 艘,排水量 4.4128 万吨;各型舰载机 118 架、陆基飞机 51 架。

印度航母"维兰特"号

印度海军的主要任务是负责保护印度的海上利益,保卫 7600 多公里的海岸线和所属的一些岛屿。印度海军由西部、东部和南部 3 个司令部组成。独立的潜艇司令部、海军陆战队和海军航空联队也划归印度海军直接指挥。3 个海上突击大队(各包含若干快速反应部队)负责在敌人前线后方执行隐蔽的特殊作战任务。海军航空部队由 1 个战斗机/攻击机中队、4 个海上侦察中队、1个反潜/巡逻中队、5个反潜直升机中队、1个搜索和救援直升机中队、1个联络和2个教练中队等5个中队组成。

　　印度是一个综合国力不甚发达的发展中国家,政治封闭、经济落后。但是其历届政府均大力加强军队建设,致使印度的国防实力,尤其是海军实力增长迅速。根据伦敦国际战略研究所(IISS)的研究报告,印度的国土面积居世界第七位,军队规模位居全球第四,其海军舰艇数量及总吨位已跃居世界第七强,成为印度洋周边海域最强大的海上力量。

　　长期以来,印度一直对发展航空母舰表现出浓厚的兴趣。早在1957年,印度就从英国购买了1艘2万吨级的二手航母"大力神"号,并将其改名为"维克兰特"号,而成为二次大战后亚洲最早拥有航母的国家。1986年4月,印度又以2500万英镑的价格从英国购买了福克兰战争中表现出色的退役航母"竞技神"号,并在戴文波坞对其进行了一系列的现代化改装,使该舰舰龄得到延长。

由于资金困难,印度航母上的舰载机是由拖拉机牵引的

"竞技神"号满载排水量 2.87 万吨,舰长 226.9 米,宽 27.4 米,吃水 8.7 米,舰上最高可载 1350 人。主机为 2 台燃气轮机,最大功率 7.6 万马力,航速可达 28 节。舰载机包括 12 架"海鹞"式战斗机和 7 架反潜直升机。1987 年,该航母下水服役,并被重新冠名为"维兰特"号,自此印度已拥有 2 艘航母。"维克兰特"号航母已于 1997 年 1 月退役,目前印度海军只剩下"维兰特"号 1 艘航母服役。而随着服役年限的增加,仅有的"维兰特"号航母舰龄过大、系统老旧等诸多问题也日显突出。

印度海军"拉吉普特"号导弹驱逐舰

　　为了改变这种现状,印度除了从 1999 年开始对"维兰特"号进行为期 18 个月的维修改装,以使其服役期再次延长外,还于 2003 年与俄罗斯达成引进其二手航母"戈尔什科夫"号的协议。但因受到俄罗斯原定 2008 年 8 月交货的时间被向后拖延至 2011 年,以及俄罗斯要求印度在 7.5 亿美元改装费的基础上再追加 20 亿美元等因素的影响,引进"戈尔什科夫"号的进程迷雾重重。此外,印度还于 2004 年在本国的科钦海军船厂开始建造"蓝天卫士"号国产航母,但因受印度造船工业水平和科技研发力量的限制,该舰预计要到 2016～2017 年才能交付海军。在未来的一段时间内,印度只能保持拥有 1 艘航母。

除了航母以外,印度海军十分重视潜艇舰队的建设,目前拥有俄制"基洛"级、前苏联"F"级和德制"希苏马尔"级常规动力潜艇 16 艘。其中以 10 艘新购的"基洛"级潜艇最引人注目。除此以外,印度还采取从俄罗斯租赁和自己研发等途径积极发展核动力潜艇。

1997 年 7 月,印度正式开始代号为"七十五号计划"的核动力潜艇建造工程,该计划预计建造的印度"先进技术艇"级核动力潜艇以俄罗斯"C-1"级攻击型核潜艇为模仿原形,核动力装置由印度自行研制,俄罗斯负责协助设计潜艇壳体、水下导航系统等非核部分。该艇全长 73.8 米,宽 9.9 米,高 6.6 米,水面排水量 2300 吨,水下排水量 2850 吨,最大潜深 400 米。动力为一个功率为 90 兆瓦的核子反应堆,外加两辅助发电机,水上最高航速 16 节,水下最高航速 20 节,续航力 42 天,最大航程 14 万公里,该级艇将装备导弹垂直发射装置。即将服役的"先进技术艇"不仅是印度的自行研制的首级核动力潜艇,更是印度挤入核潜艇拥有国最为关键的一步。

除了航空母舰与潜艇,印度的大型水面舰艇也在近些年得到了空前的发展。在大量引进国外舰艇的基础上,印度于 1996 年历尽千难万险,耗时 10 年终于建成了有史以来国产最大的战舰——"德里"级驱逐舰。该级舰在设计过程中大量借鉴了俄罗斯的经验,并融进印度自己的技术创新,呈现出仿制中有创新的特点,为印度大型水面舰艇的国产化进程迈出了坚实的一

印度海军"德里"级驱逐舰

步。此后,印度又相继设计建造了 3 艘"布拉马普特拉"级护卫舰,具有先进技术水平的"加尔各答"级驱逐舰和"什瓦利克"级护卫舰也即将问世。加之从俄罗斯引进的 6 艘"塔尔瓦"级隐身护卫舰和印度早期拥有的水面舰艇,印度海军的远洋综合作战能力得到了大幅度的提高。

3. 韩国海军

韩国位于朝鲜半岛南半部,北部以军事分界线与朝鲜相邻,其余三面被黄海、朝鲜海峡和日本海所环抱,周边强邻林立,美、俄、日、中等大国在韩国也有重要的战略利益。同时,韩国除了与朝鲜长期军事对峙之外,与周边国家还存在着海洋领土和海洋权益之争。影响安全稳定的因素多,海洋战略环境复杂,这些情况使韩国感到巨大的生存压力,通过建设强大的军事力量尤其是海军力量来维护韩国的国家权益并拓展生存空间,已成为韩国面临的重要任务。

韩国海军舰艇编队

　　韩国海军成立于1948年9月,当时仅有2000名官兵和从日本海军接收过来的15艘陈旧的扫布雷舰船。经过60年的发展,已经建成一支由水面舰艇、潜艇、海军航空兵、海军陆战队和相当规模的后勤保障兵力等多兵种组成的海上作战力量。海军本部是韩国海军的最高行政指挥机构;其次是海军本部下辖的作战司令部、陆战队司令部、后勤司令部、教育与训练司令部、镇海基地司令部,以及院校、医院等岸上机构。

　　韩国海军作战部队由水面舰艇部队、潜艇部队、海军航空兵部队、特种作战部队和海军陆战队组成,总兵力5.7万人,其中陆战队员2.4万人、拥有各型作战舰艇170余艘,总吨位20万吨,飞机60余架。

　　韩国海军水面舰艇编为3个分舰队,其中驱逐舰共有2级9艘,包括3艘"世宗大王"级(KDX-1)、6艘"李舜臣"级(KDX-2);护卫舰共有3级37艘,包括9艘"蔚山"级、24艘"浦顶"级和4艘东海级;两栖舰共有5级18

韩国海军"独岛"号两栖攻击舰(轻型航母)

艘,包括1艘"独岛"号两栖攻击舰(轻型航母)、4艘"美洲鳄"级坦克登陆舰、2艘美制LTS-512-1152级中型登陆舰、2艘美制"马林纳"型登陆艇和10艘LCM-8机械化登陆艇。潜艇部队编有1个作战大队,下辖4个潜艇中队,装备2级13艘常规动力潜艇。其中,"张保皋"级系从德国引进的209/1200型常规潜艇,1993年开始服役,现役9艘,是韩国海军潜艇部队的主战力量;"海豚"级是韩国自己研发的小型潜艇,用于特种作战。

为满足未来远洋作战的要求,韩国海军除了对现役的张保皋级潜艇进行升级改造并加装AIP系统外,还将建造2级新型AIP常规动力潜艇。其中,"孙元一"级(KSS-2)是德国214潜艇的仿制版,计划建造9艘,目前已下水3艘,服役1艘;正在研发阶段的KSS-3级潜艇将是韩国自主建造的首型3000吨级常规潜艇,预计2010年开工。

海军航空兵部队是韩国海军主要的空中反潜和巡逻力量,现编有1个航

韩国海军"忠武公李舜臣"号导弹驱逐舰发射"标准"SM－2MR Block ⅢA
型舰空导弹

空联队,下辖 4 个航空大队,装备各型飞机 71 架。其中,包括 P－3C 反潜巡逻机 8 架、F406 海上巡逻机 5 架、S－2A/F 巡逻机 8 架、S－A316"云雀"直升机 5 架、"山猫"Mk99 型反潜直升机 25 架、UH－60 型直升机 10 架、UH－1型直升机 10 架。

陆战队是韩国海军兵力重要的组成部分,战时主要担负敌后穿插、袭扰和小规模登陆作战等任务。现编有 2 个陆战师、1 个陆战旅、1 个登陆支援团、驻延坪岛部队和 1 个陆战训练团,装备坦克 60 辆,装甲运输车 60 辆和牵引火炮等武器。

4. 俄罗斯海军

苏联解体后,俄罗斯继承了 80% 的原苏联海军力量,在此基础上,于

1992年组建了俄罗斯海军。目前,俄罗斯海军仍保持原苏联时期的编制结构,辖有四大舰队和一个独立区舰队,即北方舰队、太平洋舰队、波罗的海舰队、黑海舰队和里海舰队。

俄罗斯海军士兵

今日的俄罗斯海军与原苏联海军相比,已不可同日而语,受俄罗斯经济危机和舰艇、飞机老化影响,俄罗斯海军作战实力已大大削弱,海军总员额由原来的45万人减为现在的22万余人,舰艇总数减少了50%,仅核动力潜艇就退役200余艘,特别是原苏联时期建造的4艘"基辅"级多用途航空母舰和2艘"莫斯科"级直升机航空母舰,均因丧失战斗力而退出现役或封存;受苏联解体影响,波罗的海舰队丧失了近80%的海军基地和30%的机场,其作战能力已落后于德国、瑞典、波兰和北约海军。黑海舰队则因乌克兰的独立失去了克里米亚半岛上绝大部分海军基地和岸上设施,关于塞瓦斯托波尔海军基地的归属问题,俄、乌双方分歧较大,至今仍悬而未决。近年来,俄海军大批舰船退役,而新服役舰船却屈指可数。据俄官方公布,自1992年以来,加入海军序列的各型舰船仅30余艘,而且有一部分是从苏联解体前就开始建造的。

俄罗斯海军航母编队

俄罗斯海军经过几年的大幅度裁减和调整,虽然实力受到极大削弱,但就其目前整体作战能力而言,在当今世界海军强国中仍占有突出的地位。

俄罗斯海军现役兵力22万人,编有4个舰队。其中,海军战略核力量约1.3万人。装备各型水面舰艇940艘、战略核动力弹道导弹潜艇29艘、攻击型潜艇87艘、固定翼飞机329架、直升机312架。其中,弹道导弹核潜艇29艘,携带弹道导弹452枚,包括"台风"级4艘,携带弹道导弹80枚;D-Ⅳ级

7 艘,携载弹道导弹 112 枚;D－Ⅲ级 10 艘,携载弹道导弹 160 枚;D－Ⅱ级 1 艘,携载弹道导弹 16 枚;D－Ⅰ级 7 艘,携载弹道导弹 84 枚;攻击型潜艇 87 艘,包括"奥斯卡"级 12 艘、C－Ⅱ级 1 艘、E－Ⅱ级 1 艘、Y 级 3 艘、"阿库拉"级 13 艘、"赛拉"级 4 艘、V－Ⅲ级 26 艘、"基洛"级 17 艘,其他潜艇 10 艘;"库兹涅佐夫"号航空母舰 1 艘;巡洋舰 22 艘,包括"基洛夫"级 4 艘、"光荣"级 3 艘、"勇敢"级 11 艘、"勇敢"Ⅱ级 1 艘、"卡拉"级 3 艘;驱逐舰 19 艘,包括"现代"级 16 艘、"肯达"级 1 艘、"卡辛"级 2 艘;护卫舰 72 艘,包括"克里瓦克"－Ⅰ/－Ⅲ/－Ⅳ/－Ⅴ级 59 艘、P－Ⅱ级 12 艘、"彼塔"级 1 艘。

俄罗斯海军"库兹涅佐夫"号航空母舰

海军航空兵约 8.5 万人。编有 1 个海军航空兵司令部和 4 个舰队航空兵。其中,轰炸机约 71 架(图－22M 型 71 架),歼击轰炸机 114 架(苏－24

俄海军"守护"号多功能轻护舰于 2007 年开始服役

型 75 架、苏－25 型 9 架、苏－27 型 30 架），反潜飞机 98 架（图－142 型 9 架、伊尔－38 型 35 架、贝－12 型 54 架），反潜直升机 242 架（米－14 型 70 架、卡－25 型 53 架、卡－27 型 119 架），

侦察/电子战飞机 55 架（图－95 型 14 架、图－22 型 8 架、苏－24 型 24 架），战斗直升机 70 架（卡－25 型 20 架、卡－29 型 25 架、米－14 型 25 架），运输机 120 架，运输直升机 70 架。

海军陆战队约 1.4 万人。编有 1 个独立师、3 个独立旅、3 个舰队特种作战旅。装备 T－55/－64/－72/－80 型坦克 280 辆，ⅡT－76 型轻型坦克 120 辆，

俄罗斯新型航母想象图

BPⅡM－2 型装甲侦察车 60 辆，装甲输送车约 1500 辆，各型火炮 389 门，反坦克导弹 72 具，高炮 60 门，防空导弹 320 部。

海岸防御部队约 5000 人。编有 1 个岸防师、1 个岸防旅、1 个炮兵团、2 个防空导弹团，装备各型装甲输送车 280 辆、各型火炮 364 万门。

5. 美国海军第七舰队

美国海军第七舰队隶属于美国太平洋舰队，是美国最大的海外攻击型的武装力量，拥有 50～60 艘舰艇，350 架作战飞机及 6 万名海军与海军陆战队官兵。长期以来，美国第七舰队一直是遏制中国的急先锋，是美国部署在亚太地区的重要战略力量。冷战结束后，美国在不断削减其海外驻军总水平的情况下，唯独对第七舰队的编制未做大的调整。

美国海军第七舰队的航母编队

第七舰队下辖的海军主战阵容中，以"小鹰"号航母最为引人注目。这艘排水量 86000 吨的航空母舰载有 85 架作战飞机，是舰队空中打击力量的主要载体。其次就是"蓝岭"号大型指挥舰，排水量为 18500 吨，代表了美国海上综合作战指挥能力的最高水平，装备有先进的"联合海军指挥信息系统"，多台超级计算机，数百台终端与卫星、导航、预警、通讯及全球定位系统相连,可同时对来自地面、海上、空中、水下的多类电子情报进行综合处理,是名副其实的战时海上指挥中心。

美国海军第七舰队"小鹰"号舰载"拉姆"导弹发射

第七舰队配备有大约 200 架舰载作战飞机,主要机种为 F－14"雄猫"战斗机和 F/A－18"大黄蜂"战斗机,均具备全天候攻击能力,可携带和发射"海雀"、"响尾蛇"等空对空导弹以及激光制导炸弹。其余 150 架作战飞机主要承担预警、反潜、扫雷及电子干扰等任务。

第七舰队的主要打击手段是导弹,共配备了各类导弹 12 种,分为空空、空地、地空/航空、舰舰四种类型。比较著名的有战斧式巡航导弹、三叉戟潜射洲际弹道导弹、渔叉、军旗式反舰导弹以及反辐射精确制导导弹。

第七舰队直属美军太平洋总部,即现在的联合部队司令部指挥,其司令部设在日本的横须贺港。该舰队以日本的横须贺为总指挥区,巡防区域包

"蓝岭"号

括西太平洋、印度洋及阿拉伯海岸,由国际日期变更线起至非洲东岸,北至千岛群岛,南至南极洲、作战区域东起国际日期变更线西至非洲东岸红海海口,南达印度洋及南极,北至白令海峡。整个作战区域13468万平方公里,比美国本土大14倍,全世界约有一半的人口处于第七舰队的作战区域内。

6. 中国台湾地区海军

台湾四面环海,所以台军中海军所占比例相当大,近年来更全面加紧了海军主要武器装备的高技术化进程。根据"战略持久、战术速决、以海制海、决战境外"的作战方针,台湾海军以"舰艇武器导弹化、指挥管制自动化、反潜作战立体化"为目标,以反潜、反水雷装备为发展重点,积极开展装备的更新换代。目前,台湾海军主要作战舰艇已全部更新,基本形成了一支现代化程度较高、综合作战能力较强的海军舰队。

"海军总司令部"是台湾海军的最高统帅机关,通过海军作战指挥系统、教育训练系统及后勤支援系统管理海军部队。海军司令通过参谋长对海军舰队、军区、海军航空兵、海军陆战队、两栖部队实施指挥。

台湾海军"光华"六号隐形导弹快艇

目前,台湾海军总兵力约为7万人,其中机关和陆勤人员1.7万人,舰艇部队2万人,陆战队3.1万人。装备各型舰艇约500多艘,总吨位约24万吨,位居世界海军前15名。其中,主力作战舰艇130余艘,包括常规潜艇4艘、驱逐舰2艘("基德"级"基隆"号和"苏澳"号)、护卫舰21艘、导弹艇55艘、猎扫雷舰12艘和两栖作战舰艇21艘;另有其他舰艇近460艘,包括护航炮舰5艘、猎潜舰3艘、巡逻艇50艘、登陆艇282艘,其他作战小艇99艘及辅助舰船20艘。台海军还装备有反潜直升机19架,以及各种空舰、舰舰、舰空导弹多种。此外,台海军陆战队装备有各型坦克156辆、装甲车670辆、各种火炮 140 多门,以及反坦克导弹、直升机等武器。在主战舰艇中,以"成功"级和"康定"级护卫舰、"海龙"级潜艇、"锦江"级和"龙江"级导弹艇最具代表性,技战术性能也最为先进。

台湾海军"基德"级驱逐舰

海军舰队主要由 2 个驱逐舰队、2 个护卫舰队、1 个扫雷舰队、1 个登陆舰队、1 个勤务舰队、1 个潜艇队、1 个导弹艇大队和 1 个反潜直升机大队组成。主要基地有高雄、左营、金门、马公、基隆、花莲、马祖,中正等。陆战队由 2 个陆战师、1 个战车团和 1 个轻型航空队组成。

台湾海军目前装备的各类舰船,虽然有些舰艇数量偏少,但体系还算配套。近些年来,通过对旧舰进行现代化改装,从国外采购先进装备以及引进技术自行建造先进舰船,实现了新老并存,高低技术合理搭配的装备结构,大大提高了近海作战能力。此外,台湾海军舰艇电子装备由于不断更新,其指挥控制、侦察、监视、搜索、跟踪和火控系统基本实现自动化,而且这些系统技术水平较高。主要作战舰艇普遍装备了制导鱼雷、反舰导弹和反潜直升机,具有较强的反潜、反舰和防空能力。目前,台岛已装备一套完整且较为严密的侦察、预警和指挥系统,台湾海军不仅可以接收 E-2T 空中预警机的情报信息,其舰载直升机也具有一定的侦察引导能力,加上台湾空军各类飞机的配合协同,台湾海军还是能够满足台湾岛 300 海里以内防御作战的要求的。

台湾海军公开展示的"剑龙"级潜艇

但是,台湾特殊的地理位置使台海军主要军事目标均暴露于对方兵力综合作战半径内,极易遭受集中打击。战时,攻击方可用轰炸机、多用途战斗机从数个方向朝台湾海军驱护舰编队连续发射远程反舰导弹。虽然台湾海军作战编队的舰载雷达在 110 千米处就可以发现高空来袭的反舰导弹,并使用美制"标准"系列舰空导弹、"密集阵"系统及电子战系统等对来袭导弹实施拦截,但拦截概率不大。

其次,台海军水面舰艇上配备的有源和无源电子干扰设备都有方向性,一部设备只能干扰 20 度~30 度夹角范围内的来袭导弹,而且舰上配备干扰设备数量也有限,无力同时干扰从 360 度方向袭来的全部导弹。如果多枚导

弹从多个方向连续飞来,每艘军舰将同时遭到多枚导弹攻击,舰载电子战系

"海虎"号常规潜艇

统很难应付。而台湾海军所有护卫舰上的 MK – 15"密集阵"近防系统都只有 1 座。其理论拦截率不超过 50%,而在实战中还要低,因此根本难以对抗陆海空联合"饱和攻击"。

再者,台湾海军主战装备是一"仿"、二"买"、三"租",其技术储备和装备配件有限,装备的持续作战能力受到极大的制约。装备一旦受损,难以迅速组织抢修,不能保障武器装备有较强的持续作战能力。台湾最先进的军舰虽有较强的远洋战斗力,但自持力不超过 50 天,战时补给也将是台湾海军面临的主要难题之一。

四、中国海军著名海战

1. 中日黄海海战

1894 年春天,朝鲜爆发东学党起义。经明治维新,国力逐渐强盛、海军实力已跃居中国之上的日本,早有挑战中国,以使东亚势力划分重新洗牌的

黄海海战前"致远"号部分官兵合影,图中站在梯口的军官即为邓世昌,在他右侧站立的外国人为该舰英籍轮机长珀维斯,照片中所有人均在海战中阵亡

意图,遇到了千载难逢的良机。而此时的北洋海军,由于无力向国外购买军械物资,除了有效弹药匮乏、武器装备落后、煤炭供应质量低劣等问题之外,军舰的保养状况之差已到了触目惊心的地步。丁汝昌等海军将领反复向晚清政府反映北洋海军的现状,但都是石沉大海。

1894 年 9 月 17 日，平壤陷落的第三天，护送陆军登陆结束后正准备返航的北洋舰队主力，在鸭绿江口附近的黄海海面与早已在此集结埋伏的日本联合舰队遭遇，打响了人类历史上第一次大规模蒸汽铁甲舰队间的海战。

1894 年 9 月 17 日午后 12 时 57 分的黄海海战战场油画

北洋舰队编队由"定远"（旗舰）、"镇远"、"经远"、"来远"、"致远"、"靖远"、"济远"、"平远"、"超勇"、"扬威"、"广甲"、"广丙"12 艘军舰，"镇南"、"镇中"2 艘炮舰和鱼雷艇"福龙"、"左一"、"右二"、"右三"等 18 艘组成。日本联合舰队集中了包括吉野、高千穗、秋津洲、浪速、松岛（旗舰）、千代田、严岛、桥立等 8 艘 5000 马力以上的主力舰和巡洋舰等日本当时全都精华的 12 艘军舰。

17 日上午 11 时许，返航途中的北洋舰队突然发现西南方向海面上有几簇黑烟,丁汝昌登上甲板瞭望,判定为日本舰队。于是立即命令各舰升火、实弹,准备战斗。

11时半,"吉野"首先发现北洋舰队,发出信号"东北方向发现三艘以上敌舰"。

12时20分,日舰逐渐接近北洋舰队。

12时50分,北洋舰队旗舰"定远"首先开炮。10秒钟后,"镇远"舰也发出炮弹,紧接着,北洋舰队各舰一齐发炮轰击。3分钟后,日本旗舰"松岛"也开始发炮还击。霎时间,双方各舰百炮一齐怒放,硝烟弥漫,海水沸腾。战斗开始不久,北洋舰队旗舰"定远"舰由于下水12年,久已失修,舰桥被突然开火的大炮震塌,丁汝昌摔伤,信旗被毁。丁汝昌拒绝随从把自己投入内舱,坚持坐在甲板上督战。可是他只能鼓一舰士气,战斗刚开始,北洋舰队便失去了指挥。日本联合舰队第一游击队4舰利用航速优势绕攻北洋舰队右翼"超勇"、"扬威",二舰相继被击中起火,退出战斗。日舰"吉野"也被北洋舰队击中起火,但很快被扑灭。13时30分左右,"超勇"沉没。

当日本第一游击队绕攻北洋舰队右翼时,联合舰队本队也与北洋舰队主力交相攻击。日舰"比睿"、"赤城"、"扶桑"、"西京丸"被北洋舰队截击。"定远"、"来远"、"经远"重创"比睿"、"赤城"。"赤城"舰长坂元八太郎当场毙命,"西京丸"也受重伤。

14时15分左右,日本舰队本队绕至北洋舰队背后,与第一游击队形成夹击之势。北洋舰队腹背受敌,队形更加混乱。在混战中,北洋舰队一直冲杀在前的"致远"舰受到日"吉野"、"高千穗"等的集中轰击,多处受伤,船身倾斜。

日舰队指挥官令第一游击队救援"赤城"、"比睿"两舰。"吉野"冲在最

北洋水师"致远"舰

42

前面,正遇上全身着火的"致远"舰。在军舰严重倾斜、炮弹告罄的情况下,管带邓世昌下令向"吉野"号右舷高速撞去,欲与敌人同归于尽。日舰官兵见状大惊失色,拼命逃窜,并集中所有火力向"致远"舰攻击,一发大口径炮弹命中了"致远"舷侧鱼雷舱,引爆了存放在里面的黑头鱼雷,导致大爆炸,致使"致远"号最终沉没,包括邓世昌在内的全舰252名官兵壮烈牺牲。(关于"致远"号最终沉没的原因,近年来史学界又有新的解释,即当日"致远"是因为水线附近被日本大口径炮弹击穿,击中了锅炉,从而引发大爆炸。目前,这两种说法还有待于进一步考证。)

"致远"号沉没后,"经远"继续迎战"吉野",也中弹起火,管带林永升、大副陈策阵亡,随后该舰被敌鱼雷击沉,全舰270人除16人获救外,全部殉难。"致远"、"经远"沉没后,"济远"号管带方伯谦、"广甲"号管带吴敬荣,

"致远"撞击"吉野"

临阵脱逃(方伯谦等是否临阵脱逃,近年有不同看法)。"靖远""来远"因中弹过多,退出战斗,避至大鹿岛附近紧急修补损坏的机器。

"定远""镇远"两舰顽强抵抗日舰本队的围攻,虽中弹甚多,几次起火,全体官兵仍然坚持奋战。

下午3时30分,"镇远"舰的30.5厘米大炮连续击中日本旗舰"松岛"号2次。"松岛"后甲板四号炮塔中弹后,火焰引发弹药,发生了大爆炸。日军炮塔指挥官海军大尉志摩清直以下100余人皆被击毙。死尸堆积,血流满船,"松岛"号败走。

不久,"靖远""来远"抢修完毕,重新投入战斗。日舰"赤城""比睿""西京丸"被"定远""镇远"轰得不知去向,旗舰"松岛"已经瘫痪,"吉野""扶桑"也受了重伤,不能再战,又见北洋舰队重新集结,日本联合舰队于17时40分左右撤出战场。

北洋舰队稍事追击,也收队返回旅顺,中日黄海海战到此结束。

黄海海战历时 5 个多小时,其规模之大,时间之长,为近代世界海战史上所罕见。

海战的结果是北洋舰队损失"致远"、"经远"、"超勇"、"扬威"、"广甲"

1894 年 9 月 17 日的中日黄海海战中"经远"舰被击沉

("广甲"逃离战场后触礁,几天后被自毁)5 艘军舰,死伤官兵千余人;日本联合舰队"松岛"、"吉野"、"比睿"、"赤城"、"西京丸"5 舰受重伤,其中"西京丸"和"赤城"2 舰被拖行后不久后沉没,死伤官兵 600 余人。

黄海海战以后,由于北洋舰队不敢再战,日本实际上掌握了黄海制海权。中日甲午之战,是中国近代史以至现代史上,中国军队与入侵之外敌交战时武器装备差距最小的一次战争,又是近代史以至现代史上,中国军队败得最惨的一次战争。

2. 人民海军"8·6"海战

1962 年,台湾当局猖狂叫嚣"反攻大陆",被大陆军民严阵以待的军事行动粉碎后,台湾当局便掀起以小股武装窜扰大陆的高潮。然而,不管是空投着陆的武装特务,还是从海上实施"武装渗透"偷袭的小股武装,以及"两栖突击"的特种突击队,都连遭覆灭的命运。

1963年下半年,国民党军组建"海上袭击队"(又称"海狼队"),以"海狼艇"在海上袭击人民解放军的舰艇和大陆渔民渔船,企图在海上打出一条通道,搜集情报和进行"心战"活动。但是,"海狼队"每每行动,都遭到人民解放军海军的沉重打击,连人带艇船有来无回,葬身海底。

1965年,台湾国民党军掀起的袭扰大陆活动已进入第四个年头。在利用小型船艇进行的小股袭扰活动连续被挫败后,为鼓舞士气,扩大影响,1965年下半年开始,台湾国民党军开始动用大型海军战斗舰艇,在海上进行袭扰行动。

图为8·6海战中被俘的国民党官兵

1965 年 8 月 5 日 17 时 45 分,南海舰队得到台湾国民党军派出的 2 艘"猎潜舰"出航的情报后,即判断:敌舰可能在东山岛海面进行偷袭或对大陆渔民进行"心战"活动。南海舰队指挥员立即向总参谋部上报了"放至近岸、协同突击、一一击破"的作战方案,得到总参批准。汕头水警区护卫艇 41 大队护卫艇 4 艘、快艇 11 大队鱼雷艇 4 艘组成突击编队,由汕头水警区副司令员孔照年和参谋长王锦指挥组成战斗突击编队。

　　8 月 5 日 21 时至 24 时,人民解放军参战各舰艇编队分别起航,驶往预定歼敌海区。6 日 1 时 42 分,国民党军海军"剑门"、"章江"2 舰发现我方舰艇并凭借其火炮射程远,先机向我护卫艇开炮,编队指挥员孔照年随即下令"准备射击"。由于我海军突击编队各艇求战心切,误将口令听成"射击",随即参战各艇借助敌舰炮火射击火光向敌舰猛烈射击。孔照年及时下令制止,并命令编队展开战斗队形接敌。当看清敌舰桅杆时,下令各艇一齐射击。

周恩来总理接见 8·6 海战英雄代表

　　人民海军突击编队连续 2 次突击和抵近射击,压制了敌舰炮火,将敌 2 舰分开。敌舰"剑门"号一面还击,一面向东规避;"章江"号被 4 艘护卫艇紧紧咬住,人民海军护卫艇从500米与敌同航向射击,一直打到100米以内。"章江"号中弹起火,慌忙逃窜。人民海军突击编队第589、601艇加速追击。611号艇也勇猛追打"章江"舰,但此时611号艇正好位于己方艇队与国民党海军"章江"号舰之间,在猛烈的炮火中,误被己方炮弹击中,接着又被"章江"号击中,人员伤亡过半,3部主机被打坏,前舱进水。但611艇仍坚持战斗,轮机兵麦贤得头部被弹片击中,失去知觉。当他苏醒后,以惊人的毅力顽强坚守在主机旁边。在前面堵击"章江"号的601艇,也中弹4发。艇长吴广维头部中弹倒在指挥位置上,英勇牺牲。王瑞昌立即接替指挥,继续战斗。敌舰"章江"号在人民海军舰艇的攻击下,此时已遍体鳞伤,失去抵抗能力,起火爆炸,于3时33分沉没于东山岛东南约24.7海里处。人民海军突击编队第611艇自航返回基地。

毛泽东主席接见8·6海战英雄集体

击沉"章江"号后,经总参谋部批准,人民海军突击编队于3时43分,对"剑门"号实施攻击。5时10分接敌后,各艇集中火力猛烈射击,"剑门"号当即中弹起火。5时20分,海军突击编队快艇第二梯队在高速护卫舰的掩护下,接敌2~3链施放鱼雷,命中3条,"剑门"号随即沉没。

此次战斗,自解放军海军编队出航到胜利返回基地,历时12小时45分,与敌战斗持续3小时43分。取得了新中国成立后人民解放军海军最大一次海上歼灭战斗的胜利,生俘"剑门"舰舰长王蕴山以下国民党海军34名。

参战部队英勇作战,国防部通令嘉奖参战部队,授予麦贤得"战斗英雄"荣誉称号;海军授予611号护卫艇、119号鱼雷艇"海上英雄艇"、"英雄快艇"称号。毛泽东、刘少奇、周恩来、邓小平等中央领导接见了"8·6"海战部分作战有功人员,陈毅副总理亲临前线,慰问参战官兵。

3. 中越西沙"1·19"海战

西沙群岛是一个充满神秘感的地方

1973年8月底,南越军队已侵占了中国南沙、西沙群岛的6个岛屿,并于9月宣布,将南沙群岛中的南威、太平等10余个岛屿划归其福绥省管辖。

1973 年 11 月,南越军队在西沙海域野蛮地撞毁了中国南海渔业公司的捕鱼船,把中国渔民抓到南越岘港进行严刑逼供,强迫渔民承认西沙群岛是南越领土。

1974 年 1 月 11 日,南越当局居然公布地图,把我西沙群岛全部划归它的版图,还诬蔑中国侵占了他们的宣德群岛。中国外交部立即发表声明,再次重申南沙、西沙、中沙、东沙群岛是中国领土的一部分,中华人民共和国对这些岛屿拥有主权。南越西贡当局置中国政府的警告于不顾,于 1 月 15 日

我方人员在侦察敌情

至 18 日悍然派"李常杰"号、"陈平重"号、"陈庆瑜"号驱逐舰和"怒涛"号护航舰相继侵入西沙永乐群岛海域,向在这里从事生产的中国南海渔业公司渔轮 402 号、407 号疯狂进行挑衅,向飘扬着中华人民共和国国旗的甘泉岛开炮,打死打伤中国渔民和民兵多人,并相继占领了金银岛、甘泉岛。

事件发生后,国务院总理周恩来立即与军委副主席叶剑英研究对策,在报经毛泽东主席同意后,决定采取加强巡逻和相应的军事措施,保卫西沙,保卫中国领土不受侵犯。决心下定,叶剑英很快找到刚刚恢复工作不久的邓小平和其他军委领导人,着手部署打击入侵敌舰,收复被其侵占的珊瑚、甘泉、金银三岛的军事行动。

1974年1月17日,中央军委命令中国人民解放军南海舰队立即派出舰艇,驶往西沙永乐群岛海域进行巡逻,同时命令海南军区派出民兵,随海军舰艇进驻西沙永乐群岛的晋卿、琛航、广金三岛。

1月18日深夜,风高浪急。决心与中国海军一决高低的南越海军,增派护航舰"怒涛"号赶到永乐群岛海域,与先期入侵的"陈庆瑜"、"李常杰"、"陈平重"3艘驱逐舰会合。

越南海军"怒涛"号护航舰

1月19日清晨,与中国海军对峙了一整天的南越海军,决心以军舰的优势,一举吃掉在装备上处于劣势的中国海军巡逻舰艇,进而强占永乐群岛。

"李常杰"与"怒涛"号率先拉开了海战态势,从广金岛以北海面接近中国海军编队;而"陈庆瑜"号和"陈平重"号两舰则从羚羊礁以南外海向琛航、广金两岛靠近。

西沙海战 389、396 同型扫雷舰

　　针对南越海军的挑衅,我海军南海舰队迅速命令 396、389 号 2 艘扫雷舰进至广金岛西北海面,拦截"李常杰"号和"怒涛"号;命令 271、274、281 和 389 号 4 艘猎潜艇进至广金岛东南海面,监视"陈庆瑜"号、"陈平重"号 2 舰。霎时间,西沙海域战斗一触即发!

西沙海战 281、282 同型猎潜艇

此时,整个战场的形势是敌强我弱。从装备上看,南越海军3艘驱逐舰和1艘护航舰,最大的1770吨,最小的也有650吨,总吨位达6000多吨,同

激烈的战争场面

时舰上还装有127毫米以下口径的火炮50门。而我舰艇编队的4艘舰艇,最大的才570吨,比对方最小的还少80吨,小的却只有300吨,总吨位加起来仅1760吨,还不如对方最大一艘舰船的吨位大,且我方4艘舰艇仅装备有85毫米口径火炮16门,其中大部分还是双管小口径火炮。而"舰坚炮大"的南越海军,此刻正处于有利的外线阵位,我方则处于被动的内线阵位。因此,南越军舰并没把我军舰艇放在眼里。尽管我方几次发出严厉警告,但他们仍然不肯退却。相反,仿佛是要考验试探中国海军官兵的胆量一般,由"李常杰"号首先开足马力,大摇大摆地昂着炮首,径直向中国海军编队冲来。

面对吨位4倍于己的对手,我南海舰队396、389号扫雷舰毫不畏惧,并

越南海军"李常杰"号驱逐舰

勇敢地迎上前去,同时再次发出严正警告,令其马上离开中国海域。然而,"李常杰"号依仗其钢板厚实,非但不转变航向,相反却用舰首径直朝我方舰队冲撞而来,致使我396号舰指挥台柱、左舷栏杆以及扫雷器等均遭严重损坏。接着,它又狂妄地从我军两舰中间横穿而过,驶向琛航、广金两岛附近,并放下4只橡皮艇,在我海军官兵众目睽睽之下,护送40余名南越军人抢滩登陆。其中,登上广金岛的南越士兵还首先向我守岛民兵开枪射击,制造了蓄谋已久的新的流血事件。我守岛民兵马上奋起自卫还击,当即毙敌1人,伤敌3人。入侵者遭到当头棒喝,不得不撤退,连滚带爬,狼狈地逃回舰上。

直接登岛受挫后,南越海军改变了战术,试图在海战中讨回便宜。10时22分,4艘南越军舰在占据有利外线阵位后,突然一齐向我海军编队4艘舰艇发起猛烈炮击,致使我海军舰艇在其密集的炮火下接连中弹,再次造成人员伤亡。

越南海军"陈庆瑜"号驱逐舰

　　根据敌我双方装备情况和战场态势,我编队指挥员果断命令采用近战手段与敌厮杀。接到命令,我两个舰艇编队开始高速向目标接近。猎潜艇73大队271、274号艇分别攻击"陈庆瑜"号和"陈平重"号两舰;396、389号则分别攻击"李常杰"号和"怒涛"号两舰。

越南海军"陈平重"号驱逐舰

　　面对这种架势,南越海军立即与我拉开距离,以发挥其远程火炮的威力。但我海军舰艇紧紧咬住南越军舰不放,开足马力,穷追不舍,不一会我海军舰艇便与南越舰艇"船舷相接"了。我舰射速极快的小口径火炮向敌舰发起了猛烈的轰击。

经过 13 分钟激战，南越海军的阵脚被完全打乱了。"陈庆瑜"号作为南越海军指挥舰，虽几次试图以炮火优势重新夺回战场主动权，但我 271、274 号艇却认准目标不放松，利用敌舰火力死角，集中攻击其主炮，很快便击中了其加强台和指挥通讯设施，造成该舰通讯中断，指挥失灵，舰上军旗也被打落海中，并被迫拖着滚滚浓烟仓皇逃窜。

就在 271、274 号艇集中火力进攻敌指挥舰"陈庆瑜"号的同时，我 396、389 号舰也正贴近"李常杰"号进行集中近射，敌舰舰面上频频爆炸，甲板上多处起火。就在这时，南越海军"怒涛"号却趁机向 389、396 号舰偷袭而来。紧急时刻，我两艘扫雷舰立即调转炮口，对准其要害部位一阵急射，一连串的炮弹落到敌人的舱面、弹药舱上，顷刻间"怒涛"号爆炸起火。

为不使受到重创的"怒涛"号逃逸，我 389 舰继续穷追猛打，并向"怒涛"号逼驶而去。当 389 号舰在离"怒涛"号仅十余米距离时，我舰战士们冲出舰舱，用机枪、冲锋枪和手榴弹向敌人发起攻击。南越军舰从未见到过这种海战阵势，一时慌了手脚。慌乱还击中，敌人的一发炮弹却落在我 389 号舰两部主机之间，顿时 389 号舰爆炸起火。舰上官兵一面坚持战斗，一面组织人力奋力灭火。火势最终扑灭了，但我 6 名战士却牺牲于烈火中，其余不少人也被严重烧伤。

389 号舰遭到重伤，舰体开始倾斜，航速也明显慢下来。这时，一直在外围观望的南越"李常杰"号自以为时机已到，于是掉转船头直向我 389 号舰奔袭而来。此时，舰上的炮弹已经打光，舰长肖德万见状，当即命令装好仅有的深水炸弹，等敌舰靠近再予以沉重回击。恰在这时，我 396 号舰赶来支援。"李常杰"号见势不妙，怕遭我两舰夹击，于是急忙掉头，逃往外海。

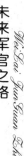

海战场面油画

眼见"李常杰"号仓皇逃跑,"陈庆瑜"号和"陈平重"号也无心再战,于是分别朝西北、东南方向落荒而去。但"怒涛"号因伤势严重,被远远地甩在后面。这时,只见我281号艇从有利位置处全速向"怒涛"号接近,并仍以"贴身"战术靠近敌舰,接着用10条炮管一齐向"怒涛"号猛轰,致使该舰再次中弹起火,并于14时52分爆炸,沉没在羚羊礁以南海域。至此,西沙海战首战获胜!

一直坐镇作战部指挥的叶剑英,听到前线传来海战胜利和"怒涛"号被击沉的消息,兴奋不已,连声说:"打得好!打得好!"邓小平也捻熄手中香烟,平静地说:"我们该吃饭了吧。"接着,叶剑英迅速指示作战部马上将战况整理成简报,由他亲自签名向毛泽东报告,随后才谈笑风生地与邓小平等一起走出作战指挥部,向餐厅走去。

经报毛泽东同意,叶剑英、邓小平决定扩大战果,收复珊瑚、甘泉、金银三岛。从此,中国海军大步走向南海,为保卫和收复祖国神圣的南海诸岛,迈出了坚实步伐。

西沙英雄凯旋

中越西沙"1·19"海战的胜利,是在中国海军处于绝对劣势的条件下,完全依靠我军官兵的牺牲精神和机动灵活的战略战术而取得的。因此,海战结束后南越当局极力掩饰他们的失败,并在"怒涛"号击沉当天制造了一系列骇人"新闻",称中国海军在海战中派出了实力强大的"科马尔级驱逐舰",并在交战中使用了"冥河式导弹",妄图以此蒙骗世界舆论,为自己的失败寻找借口。

为了狠狠教训南越侵略者,收回被其占领的我国西沙诸岛,捍卫中国主权和领土完整,经报毛泽东同意,叶剑英、邓小平等研究决定:继续扩大战果,立即发起登陆作战,从南越手中收复珊瑚、甘泉、金银三岛。19日下午,我广州军区便依据中央军委的指示,对这次登陆作战作出如下部署,即:由

389艇遭越舰重创后抢滩成功

榆林要塞派出守备10团3个连队、1个两栖侦察队和部分加强分队与民兵，共计500余人，分乘海军舰艇和南海渔业公司的渔轮出发，首先集中兵力攻打位于珊瑚、金银两岛之间没有坚固工事的甘泉岛；然后再向工事坚固、兵力较多的珊瑚岛发起进攻；最后攻取金银岛。与此同时，组织和部署海上力量随时打击南越军队增援永乐群岛的海军舰只。这次登陆作战，于19日当天即部署完毕。20日上午9时35分，我登陆作战部队和民兵按既定计划发起了收复三岛的登陆战！

此时，失去海军支援的南越军队，实际上已无力抵抗，早已成了瓮中之鳖。因此，仅仅经过10余分钟的战斗，甘泉岛上的敌人便纷纷缴械投降了。随后，我登陆部队和民兵开始兵分三路包抄珊瑚岛。不曾想，珊瑚岛上的敌人也仅仅在我军发起冲击前抵抗了一下，待我登陆部队一占领滩头阵地，守岛敌人便即刻放弃抵抗，四处逃窜、藏身。有的躲进草丛和树林，瑟瑟发抖；有的脱掉裤子，然后用刺刀挑起白裤衩从碉堡里走出来，举手投降。而这时，占据我金银岛的南越军队也因畏惧被歼，早已随舰逃跑。因此，我军登陆作战旗开得胜,前前后后仅仅用了 4 个小时时间(实际战斗加起来不超过 20 分钟),我军便顺利收复了珊瑚、甘泉、金银三岛,并将五星红旗再次插上了三岛的最高处。

海战烈士陵园建于 1975 年,坐落在三亚市红沙镇欧家园

在这次中国军民誓死保卫西沙群岛的壮烈海战中,处于劣势装备的中国海军,共取得击沉南越海军护航舰 1 艘、击伤驱逐舰 3 艘,毙伤其"怒涛"号舰长及以下官兵 100 余人的战绩。同时,在收复甘泉、珊瑚、金银 3 岛的登陆作战中,中国军队和民兵还生俘美国驻南越岘港领事馆联络官科什及南越军队范文鸿少校以下官兵 48 人。

在保卫西沙群岛的战斗中,海军 274 号艇政委冯松柏等 18 名官兵英勇牺牲,67 名参战人员受伤;389 号舰遭敌军重创。

西沙海战胜利后,南越当局为捞回面子,一度频繁调动飞机和军舰,准备报复。他们除了派出 2 艘驱逐舰开往岘港集结外,还派出 6 艘军舰从岘港出发向西沙群岛方向机动,同时命令这一地区的海、空军处于紧急戒备状态,再次向中国发出战争叫嚣。对此,中国政府授权中国外交部于 1 月 20 日当天再次发表声明,警告南越当局必须立即停止对中国的一切军事挑衅和侵略活动。同时,中央军委命令我驻守在南海海疆的陆、海、空三军,时刻保持高度戒备、随时准备歼灭入侵之敌。

鉴于中国三军已完全进入临战状态,南越当局自感再打只能败得更惨,于是不得不于 1 月 21 日作出了"应避免下一步同中国作战"的决定,偃旗息鼓,缩回头去。但他们咽不下这口气,并试图通过南越驻联合国观察员阮友志,向联合国提交议案,要求安理会讨论介入西沙群岛问题。为此,我国常驻联合国大使黄华提出强烈抗议,再次声明:西沙是中国无可争议的神圣领土,属于"中国内政",无需联合国讨论。最终,因中国及其他理事国的强烈反对,南越的无理要求遭到否决。

1974 年 2 月 27 日,中国外交部发表声明,向全世界公开宣布,中国政府决定将在西沙群岛自卫反击战中俘获的范文鸿等 48 名南越官兵和 1 名美国联络官全部遣返。

世界舆论一片哗然。各国高度评价和支持中国人民为捍卫国家主权、领土完整而从事的正义之战,强烈谴责南越当局侵犯中国西沙群岛的强盗行径。就连美国政府也在此事件上采取"不干涉"政策,并断然拒绝了南越当局请求美国第七舰队援助的要求。中国国民党当局同样强烈谴责了南越当局侵犯中国岛屿的非法行为,并在 1974 年 5 月中央军委决定派 3 艘导弹护卫舰南下支援南海舰队,毛泽东要求"直接通过台湾海峡"之际(以往 20

西沙民兵

余年,中国舰队从东海到南海,需绕道走琉球群岛,入太平洋,过巴士海峡),蒋介石亲自下令,破例向我海军舰队亮起"请通过"的信号。

西沙群岛保卫战的胜利,极大地鼓舞了中国人民,增强了全民族凝聚力。毛泽东、周恩来、叶剑英、邓小平等老一辈无产阶级革命家决策、指挥的这场西沙保卫战,不仅得到世界各国的赞誉,也赢得了全国各族人民的拥护。它的胜利,沉重打击了南越当局的嚣张气焰,有效捍卫了我国主权和领土完整;人民解放军由此也积累了一定的海上作战经验,并创造了"小艇打大舰"的成功范例。

更为重要的是,这次海战使共和国的领袖们更多地将目光投向了中国南海,并逐步改变了过去"海军最重要的舰艇,几乎都部署在从未作战过的北海舰队,而最为广阔的南海却仅靠一些轻型舰艇,甚至武装渔轮来守卫"的状况,从此不仅中国海军树立起了远离大陆作战制胜的信心,而且我国高级决策层也开始逐步调整海军部署,充实和加强我南海海域的保卫力量。从此意义上讲,西沙海战的胜利,为中国军队走向南海,保卫和收复祖国神圣的南海诸岛,迈出了坚实的一步!

4. 中越南沙"3·14"海战

20 世纪 70 年代末,随着对南海海底油气资源的发现和勘探,南海周边一个又一个国家开始提出对南海岛屿的领土主张,那些本来只有渔民或海盗避风遮雨时才光顾的岛屿和岛礁,被周边国家一个一个地占据或划入自己的版图,有的还利用外资开发起海底的油气资源。而此时,我国的版图虽然南达南海的曾母暗沙,但实际上没有占据南沙群岛中的任何一个岛屿甚至岛礁。

1987 年 3 月,联合国教科文组织政府间海洋学委会第 14 次会议决定,由中国在南沙群岛建立第 74 号海洋观察站。当时中越两国正在陆地边界问题上争执,外交关系降至冰点,在标在中国版图的岛屿上打一场海战收回领土,名正言顺,完全符合正义。

这时的中国海军,与越南海军相比已经有绝对的优势。南海舰队装备了国产 1000 多吨的 053H 型导弹护卫舰,又有东海舰队的配合,打赢越南海

我海军首巡南沙群岛

军稳操胜券。

中国海军531、502导弹护卫舰

　　1988年1月21日,以南海舰队552舰(宜宾号)为旗舰的编队于1月23日到达南沙群岛海域。当编队行经至太平岛附近海面时,拉响了汽笛,向驻守在那里的台湾海军官兵致意。经国民党驻太平岛守军的默许,编队所有舰艇在太平岛停住一个星期,补充了淡水和主副食品,并借此了解越军在各礁盘上的活动情况,寻找登礁和应敌的突破口。

1988年1月31日,宜宾舰接到考察永署礁的命令,副导弹水雷长段成清带领6名官兵驾驶小艇登上永署礁。下午4点,第一面五星红旗在永署礁上空高高飘扬。

这是五星红旗第一次飘扬在南沙群岛的上空。

2月2日,越南海军171舰队、125运输旅派出大批舰船窜到南沙,抢占我礁盘,战斗一触即发。

2月17日,正是中国龙年的大年初一,祖国人民正欢天喜地的庆贺佳节,我海上编队接到先敌登礁的命令,各舰艇便火速赶往指定海区待命。当时华阳礁上白浪翻滚,只有我国的主权碑在礁上时隐时现。

18日下午,越军的橡皮舟和我军的小艇几乎同时冲到礁盘边缘,正当橡皮舟上的越军在寻找登礁的通道时,段成清和林书明等6名勇士跳下小艇踩着珊瑚沙,跨过礁盘边缘的浪花区,驾着小艇先于敌人抵达我主权碑附近。林书明当即将一面五星红旗展示在主权碑前,越军见状,便退缩到礁盘边缘的浅水区,插上一面越南国旗。天黑之后,海潮上涨,风大浪涌,天上又下着瓢泼大雨,淹在海水中的越军受不了这份罪,卷起旗子走了。而我登礁官兵依然在这里坚守。海水灌满小艇,他们就用钢盔一点一点地舀出去,冷了就把救生衣吹起来穿在身上。饿了就啃几口被海水打湿的方便面,他们用血肉之躯守护着祖国的主权碑和五星红旗。

3月12日,风浪稍有减小,我编队"南浚613"船第三次进军永署礁,进行海洋观测站的施工。

3月14日1时,越军官兵趁夜间低潮时登上赤瓜礁,同时还用缆绳从越604船到赤瓜礁约2300米的海面上来回拉着一条装载着全副武装的越军和构筑工事用材料的木船,不停地向礁上运送人员和物资。

　　3月14日3点25分,我海军502舰起航,驶向赤瓜礁。4点30分,502舰李楚群政委先利用攻心战术,用高音喇叭宣讲中方政策说:"中国政府已多次向越方提出严重警告,规劝越军迅速撤离我南沙礁盘,还我中方领土完整"。虽然我方再三规劝,可越军官兵仍然无动于衷,他们认为,中方的警告只不过是虚声恫吓,他们仍坚信,中国人除了在外交上发出几声威吓之外,不会有别的办法,并扬言要把中国军队打回国去。

053K型导弹护卫舰531"鹰潭"号

　　越军的这些表现,激怒了我海上指挥所。7点50分,海上指挥所向502舰政委李楚群下达了"带人去把缆绳砍断,把敌人的旗子拔掉"的命令。

　　李楚群操起一把菜刀,带领7名士兵,驾着小艇绕过敌船,驶向礁盘。这时,越军船头的2挺机枪已瞄准我小艇。小艇在与礁上的越军只有十几米远的距离上停下,战士龙田山挥起菜刀砍了一阵子,湿水的缆绳十分坚韧,来回弹动,难以砍断。战士吴海金急忙赶过来协助,缆绳终于被砍成两节,越军运输的小船在风浪里随波逐流。

随后我军开始分组登上赤瓜礁。在赤瓜礁上,一侧屹立着守护五星红旗的 58 名中国官兵,一侧站着看守越南国旗的 43 名越南官兵。真枪实弹地双方在相距 210 米的礁盘上对峙着。

8 点 20 分,海上指挥所发出了"把他们挤出礁盘!"命令。

王正利、杨志亮、杜祥厚、黄国平、洪家柱等十几名战士即可组成战斗小组,趟着海水,向敌阵走去。

杜祥厚一把将插在礁盘上的越南旗杆拔掉按在水中,又随手抓起旗杆用力一折。这时,一名越军举枪向杜祥厚瞄准,被杨志亮抢先一步挺身拦住,这名越兵的枪口转向杨志亮,杨志亮伸出左手去推开抵在自己胸膛的枪口,敌人扣动了扳机,杨志亮将敌人猛推一把,便倒在海水中,壮烈牺牲。

此时,早有准备的越 604 船上的机枪呼啸着向我官兵扫射过来,水面上激起一片片水柱。越 604 船上的高射机枪同时瞄准我 502 舰扫射过来。

8 时 47 分,502 舰上的机枪首先开火还击。紧接着,前主炮射出第一发炮弹,炸飞了敌船上的机枪。随后,502 舰上的 37 炮、100 炮一齐开火,4 分钟后,敌船起火下沉。

9 时整,中弹 13 发的越南 505 登陆舰打出白旗投降。这艘 505 舰是中国在 1974 年 3 月无偿援助越南的。14 年后的今天,舰上的菜盘、茶杯、桌椅上还保留着"中国人民解放军海军南海舰队"的字样。但是,投降用的白布却是他们自己的。

这次南沙之战,我海军舰艇击沉越船一艘,击伤敌船 4 艘,毙、伤敌 60 余

053H1 型导弹护卫舰 556 "湘潭" 号

人。俘虏越军 40 多人,其中中校军官 1 人。我舰艇轻伤 3 艘、牺牲 6 人,伤 18 人。战斗中,我参战官兵英勇顽强,始终控制着战场的主动权。

五、中国海军热点事件

1. "418"潜艇失事

　　在浙江舟山群岛的一座小山上,坐落着一个烈士陵园,里面安葬着为解放和保卫舟山而捐躯的革命烈士。在陵园正中面向大海的山坡上有一个由

美丽的舟山群岛

38座坟墓组成的墓群格外引人注目,它面前的青石碑上刻着"1385部队遇难烈士纪念碑"几个大字。50年前,38位烈士的遇难在相当长时间内是一则被封锁了的消息,烈士墓碑上没有留下任何事迹。就是在今天,不少年轻人也不知道,有一群年轻的中国潜艇兵曾在50年前为探索新型潜艇的战术

性能而捐躯在茫茫东海。人们之所以将这个墓群建在这里,就是想让38位烈士每天都能看见他们守护的东海……

　　1959年12月1日,海军"418"号潜艇正在水下与水面舰艇一同进行攻潜、反舰的综合性演练。当时的海军潜艇部队刚刚于1954年夏天组建,所有艇员都是从陆军战士中挑选出来的精华,经过旅顺潜艇学习队的学习,再由前苏联专家进行简单培训,便开始操纵这一在当时属于尖端高科技产品的武器装备。由于怕中国人掌握潜艇技术太多,前苏联人对我们潜艇兵仅教授潜艇的操纵技法,潜艇作战战术一点也不教,很多技术只能靠自己摸索。当时的"418"艇艇长名叫张明龙,副艇长叫王明新,是毕业于前苏联列宁格勒海军学院的高材生,这次是专门来艇上锻炼的。航海长金作印毕业于大连海校,是新中国最早的大学生。原艇政委马振民在出海前生病,支队临时将他换下,派支队组织科干事张前冲来艇上代理政委。

"418"号同级潜艇

　　按计划,"418"艇在水下进行最后一个演练科目:规避航行。此刻,

"418"艇正在全体艇员的操纵下敏捷地在水下划出一个个"之"字。

13时40分,这是演习结束的时间,与"418"艇配合训练的"衡阳"号护卫舰按计划已到预定海区系泊。系泊完成后,"衡阳"号向水下投射了3枚陆军手榴弹(当时水面舰艇与水下潜艇联络采用这种办法),潜艇声呐兵听到3声爆炸后,报告艇长可以上浮。于是,艇长张明龙下达了"准备上浮"的口令。

动力舱
电子仪器室
控制室
居住舱
电池
武器舱
鱼雷发射管
鱼雷

常规潜艇的一般结构

随着警报一声长鸣,艇员迅速各就各位,仅用3秒钟,各舱就纷纷报告:"准备完毕。"不过,由于当时中国艇员还没有水密意识,实际上全艇并未按规定全部关闭水密隔舱的水密门。

随着各级"准备上浮"口令的逐一下达,排水系统将15个大气压的高压气体迅速注入水柜,海水在强大的气压作用下被挤出水柜,潜艇在自身的浮力作用下迅速上浮。

30米、20米、15米、5米……潜艇不断地上浮着,然而,艇员们没有想到,灾难正悄悄地向他们走来。由于当时的探测系统还很差,艇员们没有想到,潜艇上浮的海区正在"衡阳"舰的下方。潜艇的潜望镜刚一露出水面,副艇长王明新就发现了这一灾情,他连忙下达"速潜"的命令。然而,潜艇在自身的惯性作用下仍不断上浮,未等艇员们反应过来,艇身就撞上了"衡阳"舰,潜艇舰桥被"衡阳"舰的舰首一切两半。瞬时间,海水呼啸着向艇内涌去,此时,如果第二道水密舱门关闭好,潜艇还能浮在水面上,然而,第二个水密舱门根本没有关严,第三个水密舱门关严了,但第4个水密舱门又没有关严,于是,海水很快就灌满了3个舱室,潜艇一下子扎到了40米深的海底,艇长张明龙等7名军官和17名士兵当场死亡。

正在水面等待的"衡阳"舰见"418"潜艇接到上浮信号后没有浮起,只放出一串气泡,也搞不清怎么回事。潜艇撞在军舰上,他们甚至都没有感觉到,因为当时风浪较大,舰身在不停地摇晃。只有支队作训科长张毅比较懂行,一见这一情形,他感到情况不妙,一定是潜艇在水下遇到麻烦,他当即要求参加演练的各舰密切注意水面情况。不久,"成都"舰报告,在方位300度、距离9链(1链等于1/10海里,即185.2米)处发现漂浮物,小舢板靠近漂浮物后,发现是浮起的潜艇失事浮标。

水兵们看到,潜艇失事浮标周围漂浮着一条宽1米长约20多米的油迹,这一惨景告诉人们,"418"潜艇遇难了!

当时中国只有8艘潜艇,潜艇成了共和国的宝中之宝,所以,潜艇遇难的消息很快就惊动了最高决策层。海军首长指示:"分秒必争,救人第一,首先输氧。"并派时任海军潜艇部长的傅继泽将军当天赶到现场。空军运输机日夜兼程,从各地运来潜水人员和救生器材。上海市委立即派上海打捞局张智魁局长率国内一流的打捞队伍前往支援。一时间,大小59艘舰船来到出事海区。

真是天不遂人愿,海面上的风越刮越大,救援舰队来到时,海面上竟刮起了8级大风,甚至把潜艇呼救浮标钢缆刮断了,这样,本来可以通过失事浮标上的一部有线电话与艇上联系的途径也失去了。

失事浮标钢缆的断裂使人们无法标示"418"潜艇准确的失事艇位,而当时测定技术又很落后,重新测定艇位竟在3天之后,从而丧失了最佳救援时间。

从后来唯一生还的轮机长王发全的口中,人们终于了解到当时的水下情况。

王发全当时正在五舱值班,手榴弹爆炸声他也听到了,然而,艇体上浮过程中,他突然感到艇体猛地跳了一下,此后便没有了声息。当时,五舱共有5人,大家都不知道遇到了什么事,因为,从接受苏联潜艇专家训练至今的5年间,王发全和他的战友已经历过无数次下潜、上浮,而这一次却十分特别,他脑海中竟突然间冒出一点不祥的预感。

突然,他们听到四舱在猛力敲击水密门,并通过水密话筒高喊"五舱排水,五舱快排水……"王发全知道,四舱没有排水装置,所有进水都靠五舱排出艇外。王发全当即让新兵陆正德打开排水管道阀。然而,由于水压极高,不但没有将水排出艇外,反而让水冲破了排水阀,五舱也进水了。

这时,四舱的呼喊声逐渐减弱下去,敲击声也慢慢停止了。面对已经没到膝下的海水,王发全指挥大家立即撤到六舱,与电工军士长王传经和4名艇员会合。

至此,全艇仅剩下首舱、六舱和逃到六舱的五舱艇员共15人还活着,其他人早已身亡,艇内没有一名干部,最高指挥官是轮机军士长王发全和电工军士长王传经。

当时的条令规定,潜艇失事后,"没有指挥员命令,不准逃生"、"不得在敌占区逃生"、"要尽量组织自救"。于是,王发全和王传经两人组织大家研究,想办法。然而,当时针指向 12 月 2 日凌晨 5 点时,他们逐渐感到氧气不足了,这时,他们已经在水下坚持了 15 个小时,无可奈何之际,大家想到了逃生,有人看了看深度表,深度表指示为水下 8 米。这个在潜艇上毫不起眼的深度表加重了这场灾难。此刻,潜艇水深为 40 多米,而深度表只有 8 米,王发全和王传经研究后认为,此时已是拂晓,天已放亮,8 米水深即使漂出去,也不会影响太大,于是,两名军士长组织在六舱的 10 名水兵逃生,首舱的情况王发全他们也不知道。

他们穿戴好救生衣和氧气瓶后排好队,准备一个个逃生。新兵陆正德的呼吸器失灵,王发全将自己的救生衣装具换给了他,然后决定由王传经带队,王发全压阵,其余 8 人排好顺序,3 名新兵夹在中间。当前面的 9 人钻出舱口后,王发全突然想,舱内只剩下我一个人,万一大家漂出水面后遇不上救援队,岂不是饿肚皮?于是,他从舱内找了些饼干和罐头,并带上了钳子、扳手和防鲨刀之类的工具,准备撤离。然而,他一出水就感到了可怕,他事后回忆道:"艇外海水漆黑一团,我抱着那包饼干,深吸一口气便钻出舱口,一出舱,立即感到身体像被一只大手攥着一样,耳膜生疼,这哪只 8 米啊?"

"还是那包饼干和罐头帮了大忙,它有一定的重量,所以上浮的速度慢,不像他们那么快。我浮一段,就扔一点东西,但那包饼干没舍得扔。越往上压力就越弱,我不断呼出肺里的膨胀空气,以免肺部被气压伤,但也不敢呼出得太快,因为快了,空气不够用,人会憋死。"

"快接近海面时,已经是身不由己了。海浪把我推来推去。当时已经精疲力竭。海面黑乎乎一片，不见一个人，风呜呜地刮，浪头一个接一个打过来，12月份的海水冷得够劲儿，这时也觉不出来了，只是拼命地喊。"

"不远处的舰上有灯光，我就朝那边游过去。""昆明"舰发现了我，放下舢板来救我，但风太大，6只桨划断了4只。没法子，他们就朝我扔救生圈，可惜一个也没套住。最后舰上朝我抛过来一根缆绳，我死死抓住绳子不撒手。虽然离船很近，我自己已无力爬上去，手也被勒得快露出骨头，钻心地痛，没办法只好用牙咬住绳子。甲板上的人连拉带拽总算把我拉了上去。上去以后一低头，吐出两颗门牙来。

罗瑞卿大将

"就这样，我得救了，那9人全部牺牲，还有舱首的5个人，也都不知下落。这次逃出的15人中，除了我，只捞出4具尸体，其余11人失踪。"

王发全被救上"昆明"号舰后，东海舰队派鱼雷快艇以最快的速度将他送往上海抢救。总参谋长罗瑞卿大将亲自打电话指示"组织力量抢救，谁也不能让他死，谁给弄死了谁负责。"

经过全国几乎所有减压专家的共同努力，从水下40米深处漂浮出海的王发全奇迹般活了下来,海军司令员萧劲光专程看望了他。"418"潜艇在失事 75 天后被打捞出水,现在,它已离开大海,成为海军潜艇学院的教材。

2."252"号潜艇突破岛链首航太平洋

1951 年,当时的美国国务卿杜勒斯提出在太平洋海域的一些岛屿上部署军事力量,利用这些岛屿的特殊地理位置形成一道道扼杀、封锁前苏联、中国等社会主义国家的特殊"岛链"。

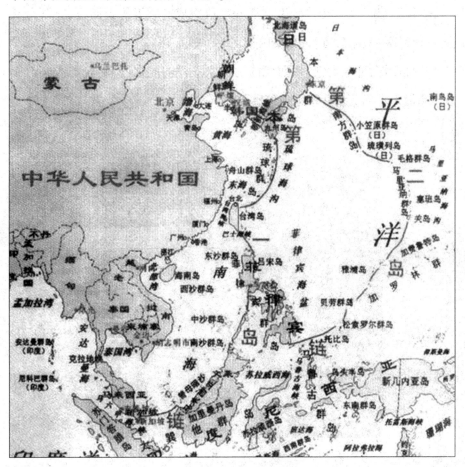

第一、第二岛链示意图

冷战结束后,美国构筑的"岛链"非但没有消失,反而不断加长,兵力也不断增加。目前,美国在亚太地区的军事部署基本上分为"三线配置":

"第一岛链"源自位于西太平洋、靠近亚洲大陆沿岸的阿留申群岛、千岛群岛、日本群岛、琉球群岛、台湾岛、菲律宾群岛和印度尼西亚群岛等岛群。

"第二岛链"则源自南方诸岛(包括小笠原群岛、硫磺列岛)、马里亚纳群岛、雅浦群岛、帛琉群岛及哈马黑拉马等岛群。

"第三岛链"主要由夏威夷群岛基地群组成。对于美国而言,它既是支援亚太美军的战略后方,又是美国本土的防御前哨。

突破岛链,冲破封锁,打通我国通往太平洋的航道,是年轻的人民海军从黄水海军走向蓝水海军迈出的重要一步。

"252"号同级潜艇

1976年12月,中央军委正式批准人民海军"252"潜艇突破第一岛链首航西太平洋训练的计划。

东海舰队某潜艇支队副支队长许志明接到中央军委批准远航训练的命令,非常兴奋。早在1975年春天,许志明就率潜艇编队到近海和濒临岛链的海区进行过演练,初步掌握了这一带海域的地理、水文气象等资料,并多次申请远航训练。

潜艇跟水面舰艇不同,每次出海都面临生死考验。一旦发生重大事故,后果不堪设想。许志明带领支队各部门制订了3套预案,进行了30多种紧急情况下预案的操作演练,从物质上、精神上、战备上做好了一切准备。

1976年12月25日,一阵急促的警铃响起,"252"艇像匹久困的"烈马",满怀远征的渴望,解缆起航驶向茫茫的大海。

天公不作美,出航的第二天寒流便跟随而来,海上刮起9级大风,3米多高的海浪,前呼后拥。沸腾着的大海使艇体剧烈地左右摇晃,闷在艇内的水兵开始剧烈呕吐,艇内空气异常浑浊。

31日凌晨,潜艇进入潜望深度开始进入突破岛链前的最后侦察。潜望镜徐徐升出海面。天色阴沉,海面有一层浓浓的白雾,这给寻找岛链带来了困难。

4时许,航海长向许志明报告:"根据航迹仪显示的数据,我艇离岛链目标37海里。"

"测准艇位。"许志明命令着。

这是关键一环,数天的风浪对航位测定影响很大。在这漆黑的水中,完全凭借海图推算潜艇的位置,而眼前这些航行资料,多数是从外国翻译过来的,误差是难免的。许志明叫航海长采取增加时差定位密度的方法,选择24个艇位,综合修正误差,提高精确度。大家都不约而同地把目光投到航海业务长李相勋的身上。出航前他就搜集整理了几大本海洋水文气象资料,绘制了昼夜明暗图,时差双曲线导航和整个航行上的星空图,还专门组织航海干部学习、操练、熟悉岛链水道及航行海区情况,反复研究准确定位、识别判明岛链目标的方法。因此,他胸有成竹地说:"根据反复计算,现在我艇与航迹仪显示的位置差 2 海里。"

片刻之后,潜望镜的镜片上,隐隐约约地出现了一片模模糊糊的影子。经过雷达测定,那就是要寻找的岛链标志目标。指挥舱内,军官们顿时充满欢乐,就好像沙漠里久渴的人们,突然发现清泉一样。

潜艇保持航向,像条长鲸,悄悄地朝岛链目标驶去。

突然,舰务军士长满头大汗,紧张地跑来报告说:"两台压缩机水泵密封装置漏水了。"气氛一下子紧张起来,谁都明白,潜艇只要有一点点故障,在高压海水环境下,随时都会发生意想不到的事情,更何况是两台空压机同时出现故障。潜艇立刻减速航行,边航行边抢修。4 个小时之后,故障终于排除,压在人们心上的石头才算落了地。

潜艇继续顶着暗流艰难地航行着。艇长连续下达三道命令:无线电保持静默,舱内不准发生任何撞击声;节约用电,空调器、照明灯、电风扇全部停止使用;一天只做一次饭。三道命令下达以后,各舱室温度迅速上升到40多度。艇员们从冬天一下子变成三伏天,活像生活在蒸笼里。主机舱里的温度更高,轮机兵们守在机器旁,油光光的脊梁上汗如雨下,不到 2 个小时,胶鞋里就可倒出半碗汗水。指挥舱内军官们有的用海图推算,不时测算艇位;有的操纵着纵倾和横倾仪,保持着潜艇的平衡;有的注视着各种仪表,判断潜艇各部位是否正常。艇长张铿然和副支队长许志明的眼睛则紧紧盯着潜望镜,仔细搜索着海面目标。

艇内一片沉默，没有人大声说话，只有机器声有节奏地响着。经过7小时的航行，航程仪上终于跳出一组令人兴奋的数码："潜艇已成功穿越第一岛链，纵深已达数十海里"。

1976年12月31日20时整，人民海军"252"潜艇首次成功进入太平洋。在第一个预定点上，他们通过超长波台向舰队指挥部发出第一份电报，接着他们收到了来自海军和舰队的贺电。

太平洋像是有意要考验中国海军，那天深夜，当"252"潜艇浮起充电时，洋面上骤然刮起了9级偏北风，如山的涌浪发狂似的向潜艇扑来，潜艇顿时变成晃动的秋千，左右摇摆达到36度。

潜艇为了隐蔽，浮出海面的机会很少，由于长时间没有阳光和新鲜空气，水兵们一个个变得异常憔悴，嘴唇没有血色，身上开始一层层掉皮，口腔霉烂。此时，水兵最幸福的梦想就是晒一分钟太阳，吸一口新鲜空气。

1977年1月24日凌晨，经过30个昼夜远航训练的"252"潜艇，进入祖国的领海线，胜利凯旋！

3. 人民海军舰艇编队首次环球航行

海军石云生司令员检阅出访编队

为增进中国人民和军队与世界各国人民和军队的了解、信任和友谊，促进世界和平，经中央军委批准，人民海军舰艇编队于2002年5月~9月首次进行环球航行访问。

2002年5月15日，青岛军港的码头上，锣鼓喧天、鞭炮齐鸣，解放军四总部和海军为首次进行环球航行访问的舰艇编队举行了隆重的欢送仪式。时任海军司令员的石云生上将检阅了出访编队。

海军首次环球航行出访编队

海军首次环球航行访问舰艇编队由海军"青岛"号（舰号：113）导弹驱逐舰和"太仓"号（舰号：575）综合补给舰组成，编队总指挥由时任北海舰队司令员的丁一平少将担任。"青岛"号导弹驱逐舰是我国自行设计研制的新一代导弹驱逐舰，这次远航经受了复杂水文气象和低纬度高温、高盐、高湿等恶劣环境的考验，全面检验了新型战舰的全球导航能力、指挥通信能力、连续航行能力、气象保障能力和后勤支援能力，展示了我国战舰的良好性能。"太仓"号综合补给舰是我国自行设计建造的大型远洋综合补给舰，1981年服役，可在远航编队途中进行三级燃料油、柴油、桶装滑油、淡水、软水和冷

编队通过巴拿马运河

藏食品的补给。满载排水量达 22000 吨,可连续航行 18000 海里,续航力 90昼夜,能在 12 级风力作用下安全航行。

秘鲁国防部长上舰参观

出访编队于 5 月 15 日从青岛解缆起航,横跨印度洋、太平洋、大西洋,远涉亚洲、非洲、欧洲、南美洲和大洋洲,先后对新加坡、埃及、土耳其、乌克兰、希腊、葡萄牙、巴西、厄瓜多尔、秘鲁、法属帕皮提等 10 个国家和港口进行了友好访问,历时 132 天,总航程 33000 多海里,途经 14 个主要海峡和苏伊士、巴拿马运河,横跨68个纬度,6次穿越赤道,7次经历大风浪和强低压气旋的考验,创造了人民海军舰艇编队出访时间最长、航程最远、航经海域最广、访问国家最多等多项纪录。

环球航行还增进了与被访问国家之间的相互了解、相互信任和友谊;宣传了我国维护世界和平的立场和决心;发展了我国与世界各国人民和军队之间的友好关系;全方位展示了人民海军威武之师、文明之师、和平之师的良好形象。

编队所到之处受到当地华侨和群众的热烈欢迎

迄今为止,人民海军已成功出访了40多个国家,担负出访任务的导弹驱逐舰、导弹护卫舰、补给舰和远洋训练舰等舰船基本上都是我国自行设计制造的。

4. 中美南海撞机事件

2001年4月1日,美国一架海军EP-3型侦察机在中国海南岛东南海域上空进行侦查活动,中方两架歼击机升空对其进行跟踪监视。北京时间上午9时07分,当中方飞机在海南岛东南104公里处正常飞行时,美机突然向中方飞机转向,其机头和左翼与中方一架飞机相撞,致使中方飞机坠毁,飞行员王伟失踪。撞机事件发生后,美机未经中方允许,进入中国领空,于9时33分降落在海南岛陵水机场。

美国 EP－3 侦察机

美国 EP－3 型侦察机上配备了尖端的电子信息拦截系统,它可以探测并追踪雷达、无线电以及其他电子通讯信号。侦察机利用传感器、接收器和碟型卫星电线,可以对很大一片范围进行电子信息的监听。长时间以来,美国军方经常出动此型侦察机对我国沿海进行侦察活动。中国军用飞机在中国沿海对美国军用侦察机实施跟踪监视,属于正当的飞行活动,符合国际惯例。致使中方飞机坠毁的直接原因,是美机违反飞行规则突然向中方飞机转向、接近造成的,责任完全在美方。事件发生后,美机未经许可进入中国领空并降落中方机场的行为严重地侵犯了中国的国家主权和利益。

事件发生以后,中方全力搜寻失踪的飞行员,并对美方飞机上的24名机组人员做出妥善安排。

4月2日,美国总统布什在白宫紧急召集美国国家安全部成员开会,商

未来军官之路

飞行员王伟

讨美国侦察机撞毁中国战机事件以及中美关系即将面临的局势。布什称，他对中国政府的反应感到"不安"，要求在"没有更多干扰因素"的情况下与机组人员见面，并要求中方归还美飞机。美国国防部一名官员称，美海军为了"监控局势的发展"，派遣3艘驱逐舰前往海南岛附近，并将在南中国海地区停留。

王伟与战友在一起

4月3日，我国外交部发言人朱邦造在新闻发布会上说："在海南岛沿海空域发生的中美军用飞机碰撞事件中,美方飞机肇事以后,未经中方许可,非法进入中国领空,侵犯中国主权,中国有权对此事件进行调查,中方享有处理这一事件的一切权利。"

撞机事件中被撞毁的中国海军歼-8Ⅱ战斗机

　　与此同时,中国海军和广州海捞局派出赴海南岛东南海域搜寻救助我飞行员的舰艇和飞机已增至舰船11艘、飞机20余架次。搜救舰船和飞机昼夜不间断地在海上实施严密搜寻,仍未能找到我落水飞行员。

　　4月3日,美国外交官员与机组人员进行了第一次见面,并称24名机组人员安然无恙。同日,中国国家主席江泽民在北京会见来访的卡塔尔首相阿卜杜拉·本·哈利法·阿勒萨尼时说,碰撞事件责任完全在美方,美方应该向中国人民道歉。他还要求美方立即停止一切在中国沿海空域的侦察飞行。晚些时候,美国国务卿鲍威尔表示拒绝就美国侦察机撞毁中国战机一事道歉。他说,美国没什么可道歉的,并称美国机组人员是"被扣押"了。美国总统布什也发表电视讲话说:"该是美国军事人员回家的时候了,也是中国政府归还美国飞机的时候了。"他说,中美两国都希望在两国之间建立起一种卓有成效的关系,但这一事故可能会破坏这种期望。

被打捞上的战机残骸

4月4日,中国外交部长唐家璇在北京召见美国驻华大使普理赫,就美国军用侦察机撞毁中国军用飞机一事再次向美方严正交涉。他指出,撞机事件发生后,中方一直采取冷静、克制和负责任的态度处理这一事件。中方还从人道主义考虑,对美方机组人员予以安置,并安排美驻华使、领馆人员与其见面。但美方不仅不面对事实,承担责任,反而摆出霸道架势,强词夺理,混淆是非,一再对中方进行无理指责,错上加错。中国国家主席江泽民出访拉美六国时,再次重申了中国要求美方道歉的立场。美国国务卿鲍威尔以个人名义致信中国国务院副总理钱其琛对中国飞行员失踪表示遗憾。

中国驻美大使杨洁篪表示,如果美方拒绝对撞机事件承担全部责任,这一问题就无法得到解决,并表示,美方必须向中方道歉,这"非常、非常重要"。

此时,海军已出动搜救飞机74架次,舰船42艘次,出动搜救兵力1万多人次,仍没有飞行员王伟的下落。

4月5日,中国外交部发言人孙玉玺说,美国国务卿鲍威尔对撞机事件以及失踪的中国飞行员表示"遗憾",是朝正确方向迈出了一步。美国应该对撞机事件负责,同时应该向中方道歉,并以合作的态度来帮助解决这一事件,只有这样做才不至于影响中美关系的大局。同日,美国总统布什就中美撞机事件再次发表评论,对中国飞行员失踪一事表示"遗憾",不希望此次事件破坏中美关系,并称美机组人员该回国了。

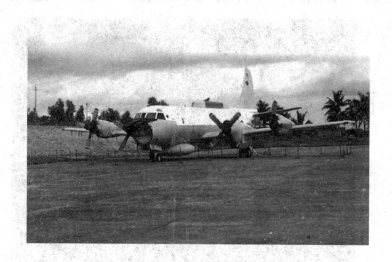

中国海南陵水机场 EP-3 的机首雷达已被拆掉

4月6日,中方对美国总统布什的遗憾表述表示欢迎,并坚持美方应对撞机事件做出正式道歉,并安排美国外交官员与机组人员进行第二次见面。

美国国务卿鲍威尔在国务院召开的新闻发布会上称,滞留在中国海南的24名美国军人精神饱满。美国参议院军事常设委员会主席约翰·沃纳说,中美政府正在合作草拟一份联合声明,表达两国对撞机事件所持的共同立场,两国首脑都将亲自阅览此信。他还说,布什政府对事件最终能够得到圆满解决非常乐观。

4月7日,美国官员与机组人员进行了第三次会面后说,机组人员身体状况良好,并且再次表示拒绝中方道歉的要求。中国驻美国大使杨洁篪约见美国国务院副国务卿阿米蒂奇,向他转交了钱其琛副总理致鲍威尔国务卿的复信。在信中,钱副总理要求美方正视事实,采取积极务实的态度,向中国人民作出道歉,这对解决问题至关重要。同时,来自海南、广东、广西、香港、澳门和台湾的800多艘渔船共同投入了搜救飞行员的工作。中国政府官员表示,不管付出多大代价,都将竭尽全力去寻找和救援飞行员王伟。

撞机事件发生后,美国通过卫星拍摄到的EP-3停靠在海南陵水机场停机坪的照片

4月8日,美国国务卿鲍威尔在接受哥伦比亚广播公司的电视采访时说,美方承认其军用侦察机在4月1日撞击事件中"侵犯了"中国领空,并对此表示"抱歉"。但鲍威尔同时为美军侦察机侵犯中国领空辩解,称美军侦察机是在紧急情况下不得已采取的行动。鲍威尔在接受福克斯广播公司采访时说,中方有一人在这一事件中遇难,美方表示过"遗憾"和"悲痛",现在对此表示"抱歉"。他认为,美方表示"遗憾"和"悲痛"是"非常应当的事情"。

4月11日下午5时30分,美国政府处理美国军用侦察机撞毁中国军用飞机事件的全权代表、美国驻华大使普理赫前往中华人民共和国外交部,向中国外交部部长唐家璇递交了关于美国军用侦察机撞毁中国军用飞机的致歉信。美方在信中表示:"布什总统和鲍威尔国务卿对中方飞行员失踪和飞

冒雨拆卸EP-3左主起落架

机坠毁都已表示了真诚的遗憾。请向中国人民和飞行员王伟的家属转达,我们对飞行员王伟的失踪和那架飞机的坠毁深表歉意。"美方还对其飞机

"未经口头许可而进入中国领空并降落深表歉意"。美方在来信中"感谢中方为妥善安置美方机组人员所作的努力"。外交部部长唐家璇在接受致歉信时指出:美方对此事件必须承担全部责任,向中国人民作出交代,停止在中国沿海进行侦察活动,防止类似事件再次发生。唐家璇还指出,美方飞机撞毁中方飞机、致使中国飞行员失踪,又在未经许可情况下进入中国领空并降落中方机场的事件并没有完结。中美双方还将继续就这一事件及其他相关问题进行谈判。

鉴于美方已就撞机事件正式向中国政府"致歉",本着人道主义精神,中国政府允许美国机组人员离境。4月12日上午7时29分,美国大陆航空公司的包机载着EP-3型侦察机的24名机组人员从海口美兰机场起飞返回美国。此后,又经过反复谈判,中美达成协议,美方于7月6日将飞机拆解后租用俄罗斯安东诺夫航空公司运输机运回。

至此,中美南海撞机事件基本解决。我海军飞行员王伟虽经多方全力搜救,最终未能幸免于难。

5. "361"号潜艇失事

2003年4月16日,大连旅顺军港,天气少云转多云,黄海海面上,吹着6级偏南风。海军北海舰队某潜艇支队"361"号潜艇,缓缓驶出军港,进行例行军事训练。

"361"号潜艇属国产"明"级常规动力潜艇,编制57人。这次出海训练,除了本潜艇的人员外,还有13名青岛海军潜艇学院的学员参加。艇上指挥员是该艇所在支队的副支队长兼"361"号潜艇艇长程福明大校。他也是此次遇难者中级别最高的军官。

由于"361"号潜艇这次训练的最后一个课目是要潜艇以"静默"状态返

"361"号同级潜艇

回青岛威海基地,所以潜艇中断了所有与外界的电讯联络。

4月26日,海军基地接到威海渔民报告,在渤海和黄海交界处的内长山群岛以东海域发现半潜状态的"361"号潜艇在漂浮,海军立即派员到场,发现"361"号潜艇只有潜望镜部分露出水面漂浮。救援人员进入潜艇发现,艇

失事潜艇被拖回基地

员全部倒毙在自己的工作位置上,没有任何痛苦或挣扎的痕迹。经初步检验,潜艇没有任何损坏,死者证实都是急性窒息致死。而艇上的航海日志只写到4月16日,相信他们是在该日死亡的。

"361"号潜艇被拖回旅顺基地后,有关人员对艇上的各种仪器数据进行了分析,基本上肯定了事发的经过:4月16日,该艇在返回青岛威海基地途中为潜艇重新充电。按照程序,充电是要启动柴油发电机,这种发电机启动时需要燃烧大量的氧气,故潜艇需要浮到接近海面,将指挥台上方的潜望镜和进气阀伸到海面上吸入空气。但调查发现,柴油发电机被启动时,进气阀因机械故障并没有打开,柴油机启动后大量吸燃艇内的氧气。有关数据显示,艇内的气体含氧量不足2分钟内即下降到零,所有艇员瞬间因窒息而亡。

沉浸在悲痛之中的导弹护卫舰官兵正在下半旗,寄托对遇难战友的衰思

当时任中央军委主席的江泽民同志得知"361"号潜艇不幸失事、70名官

兵不幸遇难的消息后,心情十分沉痛,夜不能寐。立即作出批示:"361"艇的全体官兵牢记党和人民赋予的神圣使命,忠实地履行军人的职责,为保卫祖国的海疆和人民的安全作出了重要贡献。我作为军委主席,为我们的军队拥有这样优秀的将士而感到自豪。他们的英名,将永远铭记在祖国人民的心中。

中国海军舰艇部队统一鸣笛一分钟并下半旗,向在执行训练任务中失事的"361"潜艇70名遇难官兵致哀

5月5日,中央军委主席江泽民、中央军委副主席胡锦涛、郭伯雄、曹刚川在大连接见了海军"361"号潜艇遇难官兵亲属代表和所在部队代表。江泽民代表中央军委,向遇难官兵表示深切哀悼,向遇难官兵亲属表示亲切慰问。他希望遇难官兵亲属节哀,保重身体。他称赞"361"艇官兵是为国捐躯、为民牺牲的。要求在全军部队大力弘扬"361"艇官兵们爱国奉献的崇高

精神。

"361"号潜艇失事后,党中央、中央军委对潜艇失事的处理工作高度重视,极为关注。江泽民、胡锦涛等中央军委领导亲自领导和指挥事故处理工作。5月3日,他们专程赶赴部队驻地,亲自调查了解有关情况,夜以继日地工作。他们还亲自登上361艇,下到每一个舱室,仔细查看每一个战位,详细询问有关细节,广泛听取各方面的意见,与部队领导和有关专家座谈,一起分析失事原因。军委领导反复强调,要本着实事求是、尊重科学的精神,认真总结吸取教训,切实改进工作,努力把军队现代化建设搞得更好。

6. 中国海军舰艇编队赴亚丁湾、索马里海域执行护航任务

2008年12月26日下午4时,海军三亚某军港码头上彩旗飘扬、军乐嘹亮。中央军委委员、海军司令员吴胜利上将;海军政治委员刘晓江中将亲临现场为开赴亚丁湾、索马里海域执行护航任务的中国海军舰艇编队送行。

此次远航亚丁湾、索马里海域执行护航任务是中国15世纪以来最大规模的海军远征行动。舰艇编队由"武汉"号(舷号:169)导弹驱逐舰、"海口"号(舷号:171)导弹驱逐舰、"微山湖"号(舷号:887)综合补给舰和数架卡-27舰载直升机及海军特战队员组成。其中,具有较强区域防空能力的"海口"导弹驱逐舰和海军特战队员是首次亮相海外。

亚丁湾、索马里海域的海盗集团约有30个、成员1200人以上,活动范围从亚丁湾、索马里沿海海域向北拓展到阿曼附近海域。袭击目标从初期的小型渔船、游艇逐步扩大到大型货轮、油轮甚至军火船。其中,乌克兰被劫持的货轮"法伊娜"号上装载有33辆改进型T-72坦克及大量轻武器,沙特被劫持的油轮"天狼星"号排水量达28万吨,是全球第二大油轮。越来越猖獗的海盗行为,不仅破坏了整个海域的航运秩序,还严重威胁到该地区的

安全。

"武汉"号离港

2008 年 6 日以来,联合国安理会相继通过有关决议,授权外国军队可以经过索马里政府同意进入索马里海域打击海盗及海上武装抢劫行为,并将授权有效期从 6 个月延长至 12 个月。迄今,已有 16 个国家的海军在索马里海域执行护航任务。中国作为联合国安理会五个常任理事国之一,又是海上运输大国,派出舰艇编队赴亚丁湾、索马里海域执行打击海盗、维护海运安全任务既是对联合国相关决议的积极响应,又是维护我国海上运输权益的必然需要,更是中国作为一个大国应当履行的国际义务。

"微山湖"号航行在浩瀚的南中国海

中国作出派遣舰艇编队赴亚丁湾、索马里海域执行护航任务的决定后受到国际社会的广泛欢迎。12月17日，索马里过渡议会议长谢赫阿丹·马多贝表示对中国政府向索马里附近海域派遣军舰参加护航任务表示热烈欢迎。索马里驻华大使穆罕穆德·艾哈迈德·阿威尔在北京就中国派军舰赴索马里海域护航接受"东方早报"记者专访时表示："欢迎！我们的总理表示

2009年1月6日，中国海军舰艇编队抵达亚丁湾海域，正式开始护航。

欢迎，我们的人民表示欢迎！当中国海军进入亚丁湾、索马里海域时，将是一个历史性的时刻，我们欢迎这个时刻的到来。索马里政府会向中国海军提供一切力所能及的信息和帮助。因为我们相信，中国是最为可信的和平力量。"

针对被护船舶数量多、航行初期海面能见度低等特点,编队提高战斗等级部署,加强瞭望和警戒值更,并采取伴随护航和随船护卫相结合的方式组织护航。编队还严格落实雾中航行措施,针对商船多、外籍船员多的情况,开放了中文和英文的甚高频指挥协调信道,并采用卫星传真和电子邮件方式发送护航方案,与商船保持不间断通信,保障组织指挥及时准确。

截至2009年4月底,我海军首批护航编队在124个日夜里连续航行33000多海里,为41批166艘船舶实施了伴随护航,为46艘船舶提供了区域护航,成功救援了3艘遇袭外国船只,出色完成护航任务。分航之际,商船纷纷表达谢意。德国"HERMIONE"号商船说:"感谢中国海军护航,你们护航很出色,我们爱中国。"

六、世界海军十大风云人物

1. "海权论"的创建者——马汉

艾尔弗雷德·塞耶·马汉(1840~1914),美国海军理论家和海军历史学家,曾任美国海军学院院长,美国海军历史学会主席。他所创立的"海权论"对美国乃至世界海洋政策的制定和海军的发展产生了重大的影响。

马汉

马汉于1840年9月27日出生于美国一个丹麦移民的家里。他的父亲丹尼斯·哈特·马汉是西点军校的著名教授,在战争艺术和军事工程学方面均颇有造诣。具有戏剧性巧合的是,马汉父子二人都崇拜约米尼的战争思想,而儿子致力于将约米尼关于陆上战争的战略战术原则运用于海上作战之中。家庭无疑对童年时代的马汉产生了巨大的影响。

马汉于14岁进入哥伦比亚大学学习,并在1856年9月30日转学到美国海军军官的摇篮——安纳波利斯海军军官学校。在学习中,马汉第一次吐露了他胸中的远大抱负。他在致友人的信中说:"产生斯蒂芬、德凯特式的海上英雄豪杰的时代已一去不复返了。如今,没有客观现实条件和一定

安纳波利斯海军军官学校

未来军官之路

的环境,想单凭勇敢而流芳百世的英雄是极困难的。因此,我下决心通过理论研究这一途径,在海军赢得声誉。"这种想法虽然在当时仅是一个年轻人心中的蓝图,但从中可以充分显露出马汉是一个具有超人卓识远见的年轻人。马汉本人出众的才华,引起了不少同学与军官的嫉恨。以他的水平与能力,完全可以轻而易举地高居全班首位。但他宁愿要第二名,究其原因不是他不发奋,而是他想避免与那些追逐名利的同学之间的冲突,这样也可以使自己更加潜心于研究与学习,马汉也由此形成了独立自主的思考习惯,这对他未来伟大思想的形成具有决定性的作用。

　　1859 年,马汉以优异的成绩毕业于美国安纳波利斯海军学校。随后他参加了美国的南北战争,在北军"国会"号军舰上任职,随舰在巴西、乌拉圭海岸值勤。1863 年 10 月马汉又被调到海岸炮舰"塞米诺尔"号。1865 年战争结束,25岁的马汉晋升少校。经过南北战争的打击,美国的海军力量极大地被削弱;而另一方面,抚平了内战伤痛之后的美国也将要开始对外扩张的进程了。这种历史需要和现实的矛盾将伴随马汉的海军生涯,也催化出震动世界的海权论。

1867～1869年马汉在"易洛魁"号上赴远东巡航。1872～1874年任"黄蜂"号舰长。1877年任安纳波利斯海军学校军械部与射击部主任。1883～1885年任"汉诸塞"号巡洋舰舰长。对以成为海军理论家的马汉而言,这20年海上生活看起来多少有点平淡和枯燥。但是这也让马汉积累了大量丰富的海上实践经验,深入的观察和思考了海军战略理论与实践的重大问题。在此期间,马汉还发表了《论海军官兵教育》和《墨西哥湾和内陆水域》两本书,这些从实践到创作的经验为他后来的成功打下坚实的基础。

1885年,在纽波特海军学院院长卢斯的推荐下,45岁的马汉调入海军学院,以上校军衔出任该院海战史和海军战略课的讲师。执教于海军最高学府,这是马汉人生的重大转折,使他成为海军理论家的奋斗目标得以实现。在海军军校的执教生活使得马汉能有更充分的时间从事战史研究以及海军战略的思考。

1885～1886年马汉把大部分时间花在纽约的阿斯特图书馆和纽约文化宫。他阅读的内容更加专业化,并且更直接地服务于他正在逐渐明晰的海权论思想。在这期间,马汉完成了《海军史》、《舰队战术》等课程的讲稿并在课堂上讲授,受到许多海军军官的热烈欢迎。1886年,由于他在教学上的成就首度出任海军学院院长。1888年担任西北海军船坞基地主席。1899年又调往海军导航局工作。

这时的美国,大陆主义者与孤立主义者统治着对国家利益的认识。他们认为美国不需要强大的现代化海军,既然不与欧洲列强竞争,就不需要有一支海军来向他们挑战。大陆领土的防御只需要一支较小规模的海军,能在战时袭击敌人的商业线并为守卫海岸的堡垒提供补给。另一方面,美国

高速航行的"马汉"号

边疆的消失,工业生产过剩和劳工运动都预示着一场危机即将产生,这一切都更加坚定了美国向外扩张的信心,其目的主要是为了扩展商业,而非扩展领土,旨在把扩张主义者引入海外市场进行侵略性贸易,以缓和国内工业生产过剩的局面,恢复市场繁荣,维持国内安定。然而此时的美国并不具备通向海外市场的自由通道。欧洲各国控制着亚洲和非洲的大部分市场。正当美国面临以上种种矛盾之时,马汉凭借他在海军长期服役的经验,和多年来潜心研究战史的良好理论素养,敏锐地意识到美国海军大发展的契机已经到来。他的海权论的系统思想也将呼之欲出。

　　1886 年 6 ~ 8 月,马汉在为编写《海上力量》课程讲稿而积累的 400 多页的笔记基础上,完成了他关于海上力量对历史影响这个论题的详细提纲。

到1891年,马汉已经因他的《海权对历史的影响》讲稿而闻名于海军。1890年5月的第一周,《海权对历史的影响(1660～1783)》一书正式问世。该书资料与思想都称不上新颖。马汉本人也承认,它是别人思想的高度结晶。然而马汉却是第一次用理论化、系统化的语言鲜明地提出了控制海洋对决定陆战会起重要作用这一重要论述。

《海权对历史的影响(1660～1783)》的发行标志着海权论的创立,并立即在西方世界引起极大的轰动,立刻风靡全球,陆续被译成德语、法语、俄语、日语、意大利语、西班牙语等各国文字,成为当时影响最大的世界畅销书之一。一位评论家称该书为"海军史最杰出的著作",称马汉为"海军的贤哲"。这本书也确立了马汉在世界海军史和海军战略理论方面的权威地位。盛名之下,马汉于1892年再度出任海军学院院长。

《海权对历史的影响(1660～1783)》和随后在1892年发表的《海权对法国大革命和帝国的影响(1793～1812)》和1905年《海权的影响与1812年战争的关系》,合称为"海权论三部曲"。这三本书的出版,意味着马汉的海权论思想体系宣告完成。

海权是马汉海权论的中心概念,也是这一理论得以严密和完善的主要概念。海权原本只是一个军事概念,指海上军事力量,既海军。但是马汉极大地扩展了它的内涵和外延。马汉认为:"海权应作更广义的解释:它不仅包括海上的军事力量,还应包括和平时期的商业贸易和航运。"他进一步定义,海权就是"凭借海洋或通过海洋能够使一个民族成为伟大民族的一切东西"。马汉如此界定海权的概念,其真正意图在于:一是说明海权是一个严密的国家活动体系,其两个组成部分是不可分割的一个整体;二是指出国家的繁荣昌盛不仅取决于海上军事力量,也取决于海上经济力量及其他力量;

三是将海权直接纳入国家事务的层次,即将海军和国家的海外贸易、海上航运、殖民地、经济发展、国际政治地位等联系到一起,提高了海军在国家生活中的地位与作用;四是能够合乎逻辑的说明历史发展进程中起决定性作用的因素是海权。

1914 年 12 月 1 日早晨,74 岁的马汉在华盛顿海军医院逝世。他的"海权论"在一次又一次的海上战争中得以证明、丰富和充实,成为不朽的海战准则。

2. 俄国海军军魂——乌沙科夫

费多尔·费多罗维奇·乌沙科夫(1744～1817),俄国卓越的海军统帅,海军上将。

1744 年,费多尔·费多罗维奇·乌沙科夫出生于阿列克谢耶夫卡村(今属莫尔多瓦捷姆尼科夫区)一个清寒的贵族家庭。1766 年毕业于海军武备学校,在波罗的海舰队服役,1769 年调至顿河(亚速海)区舰队,参加了著名的俄土战争。1775 年在波罗的海舰队任护航舰舰长。1780 年任皇家游艇艇长,旋即放弃了这个进入宫廷的机会,返回作战舰任职。

乌沙科夫

1780 年起,乌沙科夫开始任"维克托"号战列舰舰长,数度从波罗的海远航地中海,保护俄国商船免受英国舰队和海盗的袭扰。1783 年再次调至黑海舰队,在赫尔松督造军舰,并参加了塞瓦斯托波尔主要基地的建设。在俄土战争中,任"圣保罗"号战列舰舰长。在菲多尼西岛海战中,他指挥的俄国分舰队在战胜敌人过程中起到了决定性作用。

1790 年起,乌沙科夫指挥黑海舰队,在刻赤海战、坚德拉岛海战和卡利亚克里亚角海战中,均大败土耳其海军。他刻意改进海军学术,创立了以火力与机动巧妙结合为基础的帆篷舰队机动战术。乌沙科夫的战术与当时流行的线式战术的不同点在于:行动坚决果断,把航行队形与战斗队形统一起来,在接近敌舰至短距离时,无需变航行队形为战斗队形,集中火力于有决定意义的目标,首先摧毁敌旗舰;在战斗中建立预备队("恺撒旗"部队),以扩大主要方向上的战果;在霰弹射程内进行战斗,以取得最大突击效果;把直接瞄准射击与机动结合起来,追击敌人,将其彻底粉碎或捕获。

　　乌沙科夫认为,舰员的海上素养和射击技能具有重大意义。他反对死板的和华而不实的练兵方法。他所遵循的原则是:战争中需要什么就训练什么。他认为,接近实战条件的航行是最好的学校。他用爱国主义、兄弟情谊和在战斗中互相援救的精神教育水兵,对部下公正、关怀而又要求严格,因此深受部下的爱戴和尊敬。

　　在地中海远征期间,乌沙科夫的行动表明他是一位卓越的海军统帅,在建立希腊的七岛共和国时,又表明他是一位出色的政治家和外交家。在他的指挥下,俄国远征舰队成功地解决了封锁敌人沿岸、海军陆战队登陆和摧毁要塞等复杂任务。乌沙科夫指挥的对科孚要塞的强攻,成为军舰和海军陆战队协同作战的范例。

　　乌沙科夫作为一名海军统帅,受到当时先进人士的高度赞誉。但对俄国先进人物采取敌视态度的沙皇宫廷,却未承认他的功绩。俄国远征舰队从地中海回到塞瓦斯托波尔后,亚历山大一世于 1802 年任命乌沙科夫担任波罗的海帆船舰队司令兼彼得堡海军训练队主官的次要职务,并于 1807 年令其退休。

"乌沙科夫海军上将"号巡洋航

在 1812 年卫国战争期间,乌沙科夫被选为坦波夫省非常后备军长官,但他因病谢绝了这个职务。1817 死于原籍,葬于捷姆尼克附近的锡纳克萨尔修道院。1944 年,前苏联最高苏维埃主席团设立了一级和二级乌沙科夫勋章和乌沙科夫奖章,并以乌沙科夫的名字命名了白令海阿纳德尔湾内的一个海湾、鄂霍茨克海北岸的一个海角。前苏联海军建造的世界上吨位最大、火力最强的核动力导弹巡洋舰"基洛夫"级的首舰便以"乌沙科夫海军上将"命名。

3. 甲午军魂——邓世昌

邓世昌(1849～1894),原名永昌,字正卿,广东东莞怀德乡人。清朝末年海军爱国将领、民族英雄、北洋水师中军中营副将、"致远"号管带(舰长)。

邓世昌 1849 年 10 月 4 日出生于广东番禺一户富裕人家。父亲邓焕庄,专营茶叶生意,在广州及天津、上海、武汉、香港、秦皇岛等地开设祥发源茶庄,并始建邓氏家祠。年少时,邓世昌随父移居上海,从西方人学习算术、英语。1867年入福州马尾船政学堂学习航海,一年后他怀着救国的志愿,以各门课程考核皆优的成绩升入福州船政学堂学习航海,成为该学堂驾驶班第一届毕业生。福州船政学堂毕业后,1871年被派到"建威"号实习,随船巡历南洋各岛。1874年被任命为"琛海"兵船大副,以后历任"海东云"舰、"振威"舰、"飞霆"舰等兵船管带。

邓世昌

李鸿章

　　1880年李鸿章为建设北洋水师而搜集人才,因邓世昌"熟悉管驾事宜,为水师中不易得之才"而将其调至北洋属下,先后担任"飞霆"、"镇南"等炮船管带。同年冬天北洋在英国定购的"扬威"、"超勇"2艘巡洋舰完工,邓世昌随北洋水师提督丁汝昌及水师官兵200余人赴英国接舰。1881年11月安然抵达大沽口,这是中国海军首次完成北大西洋—地中海—苏伊士运河—印度洋—西太平洋航线,大大增强了中国的国际影响,邓世昌因驾舰有功被清廷授予"勃勇巴图鲁"勇名,并被任命为"扬威"舰管带。

1887 年春,邓世昌率队赴英国接收清政府向英、德订造的"致远"、"靖远"、"经远"、"来远"4 艘巡洋舰。接舰归途中,邓世昌沿途安排舰队操演练习。因接舰有功,升副将,获加总兵衔,任"致远"舰管带。1888 年,邓世昌以总兵记名简放,并加提督衔。同年 10 月,北洋海军正式组建成军,邓世昌升至中军中营副将,1891 年,李鸿章检阅北洋海军,邓世昌因训练有功,获"葛尔萨巴图鲁"勇名。

1894 年 9 月 17 日在黄海大东沟海战中,邓世昌指挥"致远"舰奋勇作战,在日舰围攻下,"致远"多处受伤全舰燃起大火,船身倾斜,弹药耗尽。最后时刻,邓世昌毅然对部下说:"我们就是死,也要壮出中国海军的威风,报

北洋舰队

国的时刻到了!"随即,他下令开足马力全速撞向日本主力舰"吉野"号右舷,决意与敌人同归于尽。"吉野"舰官兵见状大惊失色,集中炮火向"致远"射击,不幸一发炮弹击中"致远"舰的鱼雷发射管,管内鱼雷发生爆炸导致"致远"舰沉没。全舰250余名官兵全部牺牲。邓世昌曾被部下用救生圈救起,也曾被爱犬"太阳"救起,可他见部下都没有生还,毅然退出救生圈,将爱犬按入水中,与全舰官兵一起沉入大海,壮烈殉国。

邓世昌牺牲后举国震动,光绪帝垂泪撰联"此日漫挥天下泪,有公足壮海军威",并赐予邓世昌"壮节公"谥号,追封"太子少保",入祀京师昭忠祠,御笔亲撰祭文、碑文各一篇。李鸿章在《奏请优恤大东沟海军阵亡各员折》中为其表功,说:"邓世昌、刘步蟾等之功亦不可没者也。"清廷还赐给邓母一

"世昌"舰

块用 1.5 公斤黄金制成的"教子有方"大匾,拨给邓家白银 10 万两以示抚恤。邓家用此款在原籍广东番禺为邓世昌修了衣冠冢,建起邓氏宗祠。威

海百姓感其忠烈,也于 1899 年在成山上为邓世昌塑像建祠,永久敬仰。

1996 年 12 月 28 日,中国人民解放军海军命名新式远洋综合训练舰为"世昌"舰,以示纪念。

4. 日本海军的骄傲——东乡平八郎

东乡平八郎(1848～1934)日本卓越的海军统帅,海军军令部部长兼海军将官会议议员、日本海军元帅、侯爵。

东乡平八郎

1848 年 1 月 27 日,东乡平八郎于生于萨摩藩鹿儿岛的加治屋町,名实良,幼名仲五郎,15 岁时改名平八郎,是其父母的第四子。平八郎的父亲东乡吉左卫门,精通文武,熟悉海外各国风情,热心于海军,这对东乡平八郎以后投身海军起了重要作用。东乡平八郎自幼学文习武,8 岁起开始学习剑法。1856 年萨摩藩设立新水军后,其父即常告诫他,要"励精忠诚",必应从事海军事业。东乡平八郎的少年时代是在"舞枪弄剑"的严格训练中度过的。1866 年萨摩藩成立了海军,东乡平八郎实现愿望,参加了海军,开始步入军界。

日本国内战争期间,东乡平八郎拥戴天皇,主张统一,建立天皇制政府。1868 年初,他作为海军士官乘坐萨摩藩的战舰"春田"号,在阿波冲,同幕府方面的"开阳"号战舰进行了海上决战。随后跟随"春田"号远征北海道,转战各地,为明治政府初立战功。

1871 年,东乡平八郎赴英国学习,专修海军技术 2 年,并乘军舰游历过全世界。中日甲午战争开始后,东乡平八郎策划了对"高升"号的袭击,取得了极大的成功,并作为舰队司令指挥了黄海战役,因为作战有功,晋升海军中将并出任海军大学校长。

随后在八国联军进入中国打击义和团,解救各国使馆人员时他也出任日本舰队司令,一手指挥对日本陆军的海上补给和支援。日俄战争爆发后,东乡平八郎被任命为日本联合舰队司令官。作为日军主将打响了这场为全亚洲黄色人种扬威的第一枪。

1904年6月9日夜,东乡平八郎指挥日本舰队,像在甲午战争炮击"高升"号一样,以突然袭击的方式向停泊在中国旅顺港口的俄国舰队开火。俄国的2艘铁甲舰、1艘巡洋舰顿时被击毁。同时,俄国军舰"瓦利雅格"号和"柯列茨"号在朝鲜仁川也遭攻击,日俄战争就这样开始了。

战争爆发后的第2天,又有俄国军舰数艘被击毁,使俄国在东亚的海军实力大大削弱,日本很快地夺得了制海权,从而保证了日军运输和行动的自由。在他指挥舰队顺利地完成了突然袭击任务后,便立即把矛头指向俄国太平洋舰队。从2月9日的突然袭击开始,东乡平八郎对旅顺口的俄国舰队进行8次猛烈的攻击。4月,东乡平八郎指挥日本舰队大败俄国舰队,连俄国太平洋舰队司令官马卡格夫海军上将本人也葬身鱼腹。

这场战役使日本统帅部取得了海上的绝对优势。东乡平八郎的"战功",使他在1904年6月6日晋升为海军大将。1905年1月,东乡平八郎指挥日本舰队配合日本陆军第3军攻陷旅顺,使那里的俄国舰队全军覆没。

东乡平八郎指挥这次海战的成功,决定了日俄战争中日本的最后胜利。1905年9月,日俄两国签订了《朴次矛斯条约》。这一条约使亚洲再次成为由亚洲人主导的亚洲,由日本代替俄国暂时管理中国东北和朝鲜。

全日本民众狂呼日本的胜利,称东乡平八郎为"无敌大将军"、"军神"。明治天皇也多次褒奖他的"战功"。1905年12月,东乡平八郎被任命为海军军令部部长兼海军将官会议议员,成为日本海军第4任首脑。1913年,大正时期,他被赐予帝国元帅称号,后又晋升侯爵。

　　1934年5月30日,东乡平八郎病死东京,终年87岁。

5. 水下魔王——邓尼茨

　　卡尔·邓尼茨(1891~1980),大德意志帝国总统、总理、作战部部长、武装部队统帅、北部战区与民防司令、海军总司令、海军元帅。希特勒死后接任德国国家元首,纳粹主要战犯之一。

　　1891年9月16日,邓尼茨出生在普鲁士的一个贵族家庭。他19岁加入德国海军,从此开始了长达35年的海上冒险生涯。1914年,第一次世界大战爆发,邓尼茨时任轻巡洋舰"布雷斯劳"号上的一名尉官。1916年,邓尼茨被调往潜艇部队。虽然是第一次接触潜艇,但他立即迷上

邓尼茨

了这种新型海战武器,并由此踏上了他辉煌的海军事业起点。两年后,邓尼茨升任"UB-68"号潜艇的艇长,在地中海战区执行任务。邓尼茨与德军最富冒险精神的潜艇指挥官施泰因鲍尔共同研究了潜艇攻击的新战术,把传统的潜艇攻击时间由白天改到夜晚,在夜色掩护下溜过敌方驱逐舰警戒线,直接向商船发动攻击。

　　1918年10月3日,在与英舰的一次战斗中,邓尼茨指挥"UB-68"号潜艇躲过了英军驱逐舰并击沉1艘商船,然后悄然撤出。但邓尼茨指挥"UB-68"艇在潜航时突然失控,被迫上浮,暴露在英军驱逐舰的正前方。在英舰炮火的密集轰击下邓尼茨只好下令弃艇。他和艇员们成了俘虏,被送往英

国关押。

第一次世界大战结束后,德国的潜艇部队不复存在,获释回国的邓尼茨转入水面舰艇服役。

1934 年 9 月,德军重新组建潜艇部队。邓尼茨被任命为海军"首席潜艇官",接着海军总司令雷德尔元帅对邓尼茨极为赏识,把有关潜艇的发展计划、战略战术、训练等所有事宜都交给他全权处理。邓尼茨大权在握,终于可以一展宏图了。在短短 4 年间,他使德军潜艇部队发展为一支几乎要改变第二次世界

一战时在潜艇服役的邓尼茨

大战进程的海上力量。在战前的日子里,潜艇部队是德国海军中的"宠儿"。邓尼茨亲自选拔和训练潜艇部队官兵,不遗余力地向他们灌输自己的作战思想。他视潜艇兵为自己的孩子,每当潜艇出海归来他都亲自到码头迎接,官兵们称他为"教父",对他无比忠诚。他最大的愿望是向英国人雪耻复仇。他把这种意志也传输给了潜艇都队的官兵们,从而训练出了一批凶狠狡诈的海上杀手。

1939 年 9 月 1 日,纳粹德国入侵波兰,第二次世界大战全面爆发。9 月 3 日,英国对德国宣战,在海上对德实行封锁。然而,英国政府宣战的话音未落,邓尼茨的"U－30"号潜艇即大开杀戒,把英国客轮"雅典娜"号送入了海底。德国潜艇随即倾巢出动,向英国舰船全力攻击。尽管邓尼茨的潜艇数量并不多,但仍创造出了耀眼的战绩。其中"U－47"号潜艇躲过英军层层警

戒,潜入英国斯卡帕湾基地,一举击沉英国战列舰"皇家橡树"号,轰动一时。邓尼茨因此晋升为海军上将,就任潜水舰队总司令。

到1940年3月,德国潜艇共击沉舰船200艘。1940年夏季,德军占领法国。这使得德国潜艇进出大西洋的航程缩短了800海里。可以直接进出大西洋腹地,不必为溜过英军封锁的海域而浪费时间与燃料。同时,德国的潜艇数量迅速增加。邓尼茨将潜水舰队指挥部迁到法国,以法国沿海港口为潜艇基地,放出

U型潜艇

一批批"狼群"向英国船队展开全面攻击。"狼群"战术立显奇效。从6月到11月,德国潜艇共击沉舰船272艘,共计1,395,000吨,这是"狼群"狩猎的第一个"黄金时日"。在整个作战期间,邓尼茨对每一艘潜艇都实施严格控制。只有在开始攻击时才让他的艇长们自由发挥。但何时攻击和何时战斗则由他来决定,并要求严格执行。邓尼茨的"狼群"在大西洋肆意施虐,使盟军蒙受了巨大的损失。丘吉尔称:"在战争中,我唯一担忧的就是潜艇的威胁……对我来说,这方面的战斗,要比英伦本岛的空中决战更加令人担心。"

为了扼制并挫败"狼群"的攻击,英、美海军开始全力实施反潜作战。随着强大的护航舰队的建立,严密的空中、海上监视网的形成,特别是用于反潜作战的新型雷达和新型深水炸弹投入实战,盟军在大西洋上布下了围捕"狼群"的天罗地网。"狼群"的末日到了。德国潜艇的受损数量不断增多,最终不得不于1943年5月下旬退出大西洋。大西洋之战以盟军的胜利而告终。邓尼茨使出浑身解数,力图挽回败局。他下令建造使用通气管的"XXI"

邓尼茨和水兵

型潜艇,但新潜艇的建造受盟军战略轰炸的影响,直到1945年4月才正式服役出航。此刻,邓尼茨已不可能有所作为了。然而邓尼茨的官运却始终吉星高照,由于希特勒的赏识,他于1943年出任海军总司令,又晋升海军元帅。希特勒自杀前,指定他继任国家元首,做了3个星期的首相。

1945年5月8日,邓尼茨签署文件,宣布德国无条件投降。他本人于22日被盟军俘虏,判处10年徒刑。1956年,邓尼茨刑满出狱,赋闲在家,直到1980年病逝。值得一提的是,在邓尼茨宣布投降时,由他一手调教指挥的德国潜艇部队却拒绝放下武器。随着总部下达的一道代号"彩虹"的暗语命令,尚存的20多艘德国潜艇在世界各地全都凿艇自沉。这是"狼群"的最后一次疯狂。

6. 海军五星上将——尼米兹

切斯特·威廉·尼米兹(1885～1966),美国太平洋舰队总司令、海军作战部长、海军五星上将。

1885 年 2 月 24 日,尼米兹出生于美国得克萨斯州的弗雷德里克斯堡。1901 年 9 月,16 岁的尼米兹考入美国安纳波利斯海军学院,4 年之后以优异的成绩毕业,赴战列舰上实习。实习期满后获海军少尉军衔,成为"帕奈号"炮艇艇长。尽管曾因工作疏忽大意而受到警告处分,仍于 1909 年越级晋升为海军上尉并改任潜艇军官。

尼米兹

1922 年,尼米兹进入海军军事学院深造。1923 年 6 月,尼米兹出任战列舰舰队司令罗比森的副官、助理参谋长和战术官,在罗比森的支持下进行以航空母舰为中心的环形编队试验和演习。1925 年 10 月,罗比森晋升为美国海军总司令,尼米兹仍任其副官、助理参谋长和战术官。1926 年秋,尼米兹调任伯克利的加利福尼亚大学海军科学与战术教授,组建海军后备军官训练团。1928 年 1 月,晋升为海军上校。1929 年 6 月,改任圣迭戈第 20 潜艇分遣队司令。两年之后升任圣迭戈驱逐舰基地司令。1934 年出任"奥古斯塔号"巡洋舰舰长。

1935 年,尼米兹调任海军部航海局(现为人事局)局长助理。因航海局长经常不在办公室而海军部长又体弱多病,尼米兹经常代理局长职务并代行部长职权。1938 年 7 月,出任第 2 巡洋舰分遣舰队司令,晋升为海军少将。稍后因病改任第 1 战列舰分遣舰队司令。

珍珠港事变后,根据罗斯福的指示,尼米兹于 1941 年 12 月 17 日晋升为海军上将,赴珍珠港接替金梅尔海军上将出任美国太平洋舰队总司令。1942 年 1 月,在尼米兹的决策下,美国海军的 2 艘航空母舰组成联合编队,突袭了日军控制的马绍尔群岛和吉尔伯特群岛,一举击沉了日军潜艇2艘、运输船1艘和小型船只8艘,并炸毁了岸上的部分设施。这是"美国海军在第二次世界大战中的第一次得分"。它的成功大大振奋了美军的士气。

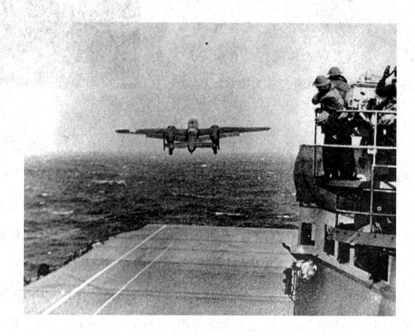

轰炸机起飞

接着,尼米兹又开始策划对日本首都东京的空袭行动。1942年4月18日,16架B-25轰炸机满载炸弹从"大黄蜂"号航空母舰的甲板上腾空而起,在短短几小时内,飞抵东京、名古屋、横须贺、神户等城市上空,投下炸弹和燃烧弹后顺风直飞中国。空袭日本虽未取得重大的直接成果,却从心理上打击了日本的嚣张气焰,振奋了美国的民心士气。在日本,亿万臣民目瞪口呆,天皇裕仁深感震惊,山本五十六再三请罪。在美国,朝野上下大受鼓舞,悲观情绪一扫而光。为防止类似空袭事件再次发生,日军统帅机关紧急将大批战斗机群调回国内保卫本土。侵华远征军还派遣由53个营组成的讨伐队前去扫荡杜立特轰炸机群降落的中国江浙一带。

　　鉴于珍珠港事件的教训，尼米兹大力加强太平洋舰队情报机构的建设。通过情报破译，尼米兹得知日军航母舰队企图攻占图拉吉岛并进而夺取新几内亚的莫尔兹比港。为了迎击日军，尼米兹将 2 艘航空母舰、8 艘巡洋舰

甲板上的轰炸机

和 11 艘驱逐舰紧急编成特混舰队，由弗莱彻海军少将指挥前往珊瑚海。5月 3 日，日军开始攻占图拉吉岛，交战双方各派出航母舰载飞机进行交战，至 8 日战役结束，美军共击沉日本"祥凤号"轻型航空母舰 1 艘、驱逐舰 1 艘，毁伤其他舰船数艘，美国"列克星敦"号航空母舰被日本机群击沉。这场战役，美国的直接损失比日本大，但是，尼米兹挫败了日本攻占莫尔兹比港的企图，使日本的 2 艘航空母舰无法及时恢复战斗力（其中之一未能参加中途岛战役），对后来美国在中途岛的胜利产生了积极影响。

根据对大量情报的分析,尼米兹判断中途岛将成为日军的作战目标,决心适时组织反击作战。他将仅有的 2 艘航空母舰"企业"号和"大黄蜂"号从南太平洋调往夏威夷,编组两支特混舰队,开往中途岛东北 200 海里处隐蔽待机,紧急修复的"约克敦"号航空母舰也赶来参战;向中途岛紧急增派 B-17"空中堡垒"轰炸机、B-25 轰炸机、俯冲轰炸机和战斗机;将潜艇全部部

中途岛海战中日本突击舰队的"雾岛"号战列舰

署在中途岛西北海域,于 5 月 14 日命令太平洋舰队进入全面战备状态。5 月 25 日,情报机构甚至破译了日本联合舰队的作战计划。6 月 4 日,美机先发现日本舰队,开始交战。日本参战部队有机动舰队、主力舰队、中途岛攻击舰队、北方舰队和先遣舰队,拥有各种战舰约 160 艘;美国参战部队为航空母舰攻击舰队,下辖第 16 特混舰队、第 17 特混舰队和第 11 特混舰队,拥有各种战舰约 50 艘,力量对比处于劣势。日机轰炸中途岛使美军遭受重大损

日本航母"加贺"号下沉

失,美机则击沉日本2艘航空母舰。6月5日,战役结束。美国损失"约克敦"号航空母舰、1艘驱逐舰、150架飞机和307名官兵;日本损失4艘航空母舰、1艘重巡洋舰、322架飞机和3500名官兵,1艘战列舰和2艘驱逐舰受创。尼米兹情不自禁地宣称:"先生们,今日已报珍珠港之仇!"

1942年8月,尼米兹又成功地实施了以攻占瓜达卡纳尔岛和图拉吉岛为目标的"瞭望塔"作战计划,重创日本海军,使日本联合舰队再也没有力量去支援陆军的作战行动了。1943年2月,瓜达卡纳尔岛日军被迫撤离。瓜达卡纳尔战役的胜利,标志着盟军在太平洋战场开始由战略防御态势转为战略进攻态势。1943年底,太平洋战场的战略主动权完全转归盟军。

1944年12月,尼米兹晋升为海军五星上将。到1945年初,太平洋日军伤亡和被困人数约为75万,共损失19艘航空母舰、12艘战列舰、34艘巡洋舰和125艘潜艇。

日本宣布无条件投降之后,1945年9月2日,尼米兹代表美国参加日本投降仪式。战争期间,尼米兹获得3枚优异服务勋章,10月5日被美国政府定为"尼米兹日"。

1945年11月,尼米兹出任美国海军作战部长,继续强调海军的重要性。1947年11月任期届满,退出现役。1966年2月20日,尼米兹病逝于美国旧金山。

7. 英军新体制的缔造者——蒙巴顿

路易斯·蒙巴顿(1900～1979)英国海军元帅,英国联合作战司令部司令、东南亚盟军司令部最高司令,英国海军参谋长兼第一海务大臣、国防参谋长和参谋长委员会主席、印度总督。

1900年6月25日,蒙巴顿生于英国温莎的王室家庭。曾祖母是英国女王维多利亚。父亲巴登堡亲王路易斯原系德国王室成员,后放弃德国国籍,参加英国皇家海军,任海军参谋长兼第一海务大臣。母亲为赫茜·维多利亚公主。

蒙巴顿

蒙巴顿从小便受到良好的教育,能说流利的德语和法语。1913年5月,入奥斯波恩皇家海军学院学习。1914年10月,其父因原籍为德国而被迫辞去海军最高职务,极大地刺激了他的进取精神。1916年,他以中等成绩毕业并进入达特茅斯皇家海军学院深造。同年7月,以优异成绩毕业,赴海军战列巡洋舰舰队的"狮"号旗舰任职,后至"伊丽莎白女王"号战列舰任职。其间,受舰队司令戴维·贝蒂的影响很大。大战后期,蒙巴顿一家的姓氏由巴登堡改为路易斯。

1923年,蒙巴顿在达达尼尔海峡与君士坦丁堡国际舰队所属的"复仇"号战列舰任职。1931年,晋升为海军中校。1934年,出任"勇敢"号驱逐舰舰长。1936年,被晋升为海军上校的蒙巴顿,被选调到海军航空兵处任职,负责发展政策问题。1939年8月,蒙巴顿出任第5驱逐舰队司令兼"凯利"号驱逐舰舰长。世界大战全面爆发后,蒙巴顿率"凯利"号首次参加作战即击沉德国潜艇1艘。12月,"凯利"号在搜索德国潜艇时触雷致伤,返回基地整修。1940年5月,"凯利"号在北海作战时被鱼雷击中,上级考虑到护航困

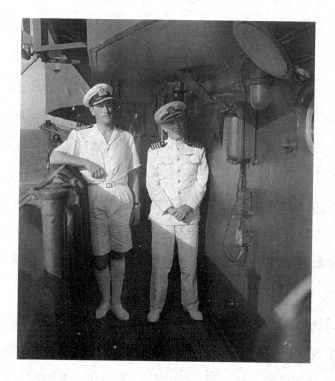

蒙巴顿在舰艇上

难,遂命令将该舰凿沉。蒙巴顿拒绝沉舰,率部奋战92个小时,将该舰驶回基地。1941年5月,"凯利"号驱逐舰被德国飞机击沉,但蒙巴顿幸免于难。稍后,蒙巴顿调任"卓越"号航空母舰舰长并出访美国太平洋舰队。

　　1941年10月,英国首相兼国防大臣丘吉尔任命蒙巴顿为联合作战司令

部顾问。1942年3月,蒙巴顿出任联合作战司令部司令和英国参谋长委员会成员,临时军衔晋升为海军中将,并获得陆军和空军中将荣誉军衔。3月28日,联合作战司令部组织实施对圣纳泽尔的规模最大而极富戏剧性的袭击,设法用满载高爆炸弹的英军驱逐舰"坎贝尔敦"号堵在干坞的出入口爆炸,摧毁了德军在大西洋沿岸唯一可以停泊战列舰"蒂尔皮兹"号的大型干坞。此后,德军的"蒂尔皮兹"号战列舰再也未能驶入大西洋。

1942年8月19日,根据蒙巴顿及盟军联合作战司令部制定的计划,英军成功地对法国西北部的迪埃普港实施了试探性大规模登陆作战,为诺曼底登陆提供了宝贵的经验教训。1944年6月,在诺曼底登陆成功之后,丘吉尔、马歇尔等6名高级军政领导人联名致电蒙巴顿,称"我们知道登陆作战的妙计和这次冒险的成功都与你和你所领导的联合作战司令部参谋人员的努力分不开"。

此后,美英决定组建东南亚盟军司令部,由蒙巴顿任最高司令,统一指挥盟军的作战行动。其间,蒙巴顿注重宣传鼓动工作对全军士气的影响。他对各个军种和不同国籍的官兵们说:"我听说你们称这里是被人遗忘的战线,你们是被人遗忘的军队。事实上没有人听说过你们。但是,人们会听到你们的,我们要让他们听到你们……"为此,他在锡兰设立"东南亚盟军司令部广播电台",让英国报界转载该台新闻;创办《东南亚盟军司令部》报纸和《凤凰》画报;为部队放映电影、演出节目。实践证明这些都是行之有效的。

1944年3月,日本第15军司令官牟田廉也率3个师团进攻印度英帕尔地区,企图攻占该地,震撼印度。因眼伤而住院的蒙巴顿摘掉双眼绷带,飞往卡拉米的缅甸陆空军司令部指挥,下令将第5印度师和第7印度师从若开空运至前线,使战局转危为安。经过英、美、中三国军队的共同努力,英帕尔

蒙巴顿和妻子

未来军官之路

123

战役至 7 月胜利结束,日军损失 7 万余人。至 1944 年底,蒙巴顿所辖的东南亚盟军多达近百万。蒙巴顿不失时机地制定盟军反攻计划。盟军既从北缅向南推进,亦从西部向中部进攻。蒙巴顿和斯利姆率部强攻曼德勒,突袭敏铁拉。1945 年 3 月,盟军攻占曼德勒及其附近的 8 个机场,改善了空中补给状况。5 月,盟军收复缅甸首都仰光。此后,蒙巴顿立即准备发起"拉链"战役以收复马来西亚,但因美军对日本投掷原子弹而未能如愿。1945 年 9 月,蒙巴顿在新加坡接受东南亚日军的投降。

1946 年 6 月,蒙巴顿回到英国,获得高级爵士勋章。次年,被英国国王封为"缅甸的蒙巴顿伯爵"。1947 年 1 月~1948 年 6 月出任印度总督。任内提出关于印度独立的"蒙巴顿方案",并于 1947 年 7 月获得英国议会批准。蒙巴顿方案导致印巴分治和长期纷争。1948 年蒙巴顿返回英国海军任职。先后担任马尔他巡洋舰队司令、海务大臣兼供应运输部长、地中海舰队总司令等职。1955～1959 年,出任英国海军参谋长兼第一海务大臣。1956 年,晋升为海军元帅。1959 年,出任国防参谋长和参谋长委员会主席。任内积极推行军队改革计划,设立国防委员会而撤销原陆军部、海军部和空军部。1965 年,退出现役。1974 年,蒙巴顿前往中国访问。

1979 年 8 月 27 日,蒙巴顿在马勒摩海滨因乘坐的游艇被爱尔兰共和军炸毁而遇难。

8. 海上枭雄——山本五十六

山本五十六(1884～1943),日本帝国第 26、27 任联合舰队司令长官,海军大将,死后被追封元帅称号。

1884 年 4 月 4 日,山本五十六出生于日本长冈市,是武士高野家的第六个儿子。因为这一年高野贞吉 56 岁,所以给儿子取名为"高野五十六"。

山本五十六自幼受到了武士道和军事熏陶,具有坚强的意志和争强好胜的进取精神。1901 年 17 岁那年他考入江田岛海军学校,1904 年毕业后任"日进"号装甲巡洋舰上的少尉见习枪炮官,参加了1904～1905 年日俄战争。在日、俄海军对马海峡海战中,他身负重伤,左手食指和中指被炸飞,留下了终身残疾。由于他只剩下了 8 个手指,同僚们给他起了个"八毛钱"的绰号。1908 年,进入海军炮术学校学习;1914 年,以上尉军衔进入海军大学深造;1915 年晋升为少佐。

山本五十六

1916 年,从江田岛海军学校毕业后,继嗣山本家,改姓"山本",由"高野

"五十六"改名为"山本五十六"。1919 年,山本奉命到美国学习;回国后,任海军大学教官。1924 年,调任霞浦航空队任副队长。1925 年,山本出任日本驻美国大使馆海军武官。1928 年,山本从美国回国,先后在"五十铃"号巡洋舰、"赤城"号航空母舰上担任舰长。1930 年山本晋升为少将,并出任海军航空部技术处长、第一航空队司令官等职。1929 年、1934 年两次赴伦敦参加限制海军军备会议。1934 年山本晋升为中将,1935 年就任航空部部长。在此期间,山本最感兴趣的是飞机,当年调到霞浦航空队第一次接触飞机后,山本即发现飞机对海军将有深刻的影响。他大肆鼓吹"空军本位主义"和"以航空母舰为基地的进攻战",对日本建造"大和"号战列舰以及对美国开战的战略提出了反对意见。

1939 年 9 月 1 日,在德国入侵波兰的当天,山本出任海军联合舰队兼第一舰队司令官。此后,他将联合舰队的训练重点放在以航空母舰为基地的航空兵方面。1940 年山本被授予海军大将军衔。1940 年 7 月,日本与德、意签订了轴心国条约。山本知道日本 80% 的战略物资都要从英、美控制区供应,所以认为该条约不利于日本,就坚决反对日、德、意三国军事同盟。并警告首相,若与英、美开战,前 6 个月还可以坚持,之后他毫无信心。

正在指挥作战的山本五十六

在 1940 年的一次春季演习中,当他看到航空兵在训练中取得优异成绩时对他的参谋长说:"训练很成功,我想进攻夏威夷是可能的。"从这时起,山本就着手设想偷袭珍珠港之战了。他以东乡平八郎一举成功的战略思想为

未来军官之路 *WeiLai JunGuan Zhi Lu*

125

基础,认为要与实力雄厚的美、英开战必须突然袭击,先发制人,开战之初就使对方崩溃。偷袭珍珠港的大胆设想的出笼,正是山本战略思想的必然产物。

偷袭珍珠港作战计划的产生与山本的性格特点也有密切的关系。西方曾有人对偷袭珍珠港之战评论说:"那是只有冒险家和赌徒才敢做的事情。"而山本五十六恰恰是个超级冒险家,且对赌博尤为着迷。他把赌博和碰运气的游戏看得比饮食还重要,玩扑克、打桥牌、下围棋、打赌都称得上是行家里手。他与同僚赌,与部属赌,还常跟艺妓赌,而且赌得认真。山本曾为一件不大的事与他的一位密友赌了3000元,这笔钱在当时能买幢好房子,结果山本输了。虽然密友一笑了之,山本却坚持还债,每月从薪金中扣,一直扣了十几年。山本出使欧洲时,由于他赌技超群,赢钱太多,摩纳哥的赌场甚至禁止山本入场,他是摩纳哥第二位被禁止的赌客。山本曾说,如果天皇能给他一年时间去赌博,可以为日本赢回一艘航空母舰。

1941年1月7日,山本写信给海军大臣及川古志郎,正式提出了偷袭珍珠港的设想。此后就和几个参谋一起秘密制定"Z"作战方案。6月,正式方案提出后,曾在日本上层引起争论,一些人不相信庞大的舰队横渡3500海里而不被发现,对这一计划的可行性表示怀疑。山本固执己见,甚至以辞职相要挟。日本为了"南进",于10月中旬批准了这个计划。于是,山本指挥联合舰队选择了与珍珠港相似的鹿儿岛湾,开始了充分的准备和严格的模拟训练。

1941年12月7日凌晨,从6艘航空母舰上起飞的第一攻击波183架飞机,穿云破雾,扑向珍珠港。7时53分,发回"虎、虎、虎"的信号,表示奇袭成功。此后,第二攻击波的168架飞机再次发动攻击。仓促应战的美军损失惨重，8 艘战列舰中，4 艘被击沉，一艘搁浅，其余都受重创；6 艘巡洋舰和 3 艘驱逐舰被击伤，188 架飞机被击毁，数千官兵伤亡。日本只损失了 29 架飞机和 55 名飞行员。

珍珠港事件发生后，美国总统罗斯福把 12 月 7 日宣布为"国耻日"，而大洋另一边的日本，山本五十六立即成为家喻户晓，妇孺皆知的英雄。由于山本策划和创造了世界海战史上远距离偷袭的奇迹，使得他威名大震。山本面对其一生的最得意之作，并没有丧失理智。他深知，当时美国的生产能力数倍于日本。美国的战争机器一旦开动起来，日本断难获胜。山本感到必须迅速摧毁美国海军的剩余主力，设想进攻珍珠港西北近 1300 英里的中途岛，对美国海军进行一次决战。但是，这次由于美军破译了日军的密码，

罗斯福总统在国会讲话

赢得了作战准备时间，布下了伏击日军的陷阱，中途岛海战美军以劣势兵力击沉了日本的 4 艘航空母舰，1 艘重巡洋舰，重伤 1 艘重巡洋舰、2 艘驱逐舰，日军损失飞机 332 架，数千日军官兵丧生。美军仅损失航母 1 艘、驱逐舰 1

艘,飞机150架。这一挫折,使日本海军也从此开始走下坡路。

1943年4月,美军情报人员再次破译了日军的密码,获悉山本将于4月18日乘中型轰炸机,由6架战斗机护航,到前线视察的消息。罗斯福总统亲自做出决定:"截击山本。"美军派出战斗机空中伏击,于布干维尔岛上空击

山本五十六座机的残骸

落了山本五十六的座机。几天后,日军找到了座机残骸。山本五十六的尸体依然被皮带缚在坐椅上,他头部中弹,仍握着佩刀。此事件被日本军方称为"海军甲事件"。山本五十六是历任联合舰队司令长官中唯一的战死者。其遗体由"武藏"号战列舰运回日本。

日本方面将山本五十六的死讯封锁了34天。5月21日东京电台才公布"山本壮烈牺牲"的消息。日本当局追授山本大勋位、功一级、正三位和元帅称号。6月5日,在东京日比谷公园为他举行国葬。

9. "远洋核海军"的创建者——戈尔什科夫

谢尔盖·格奥尔基耶维奇·戈尔什科夫(1910~1988),前苏联现代海军的创始人、卓越的军事家、前苏联英雄、前苏联国防部副部长、海军总司

令、海军元帅。

1910 年 2 月 6 日,戈尔什科夫出生于乌克兰。1927 年参加前苏联海军。1931 ~ 1941 年,先后毕业于伏龙芝海军学校、驱逐舰舰长训练班和海军学院高级指挥员进修班。1931 年在黑海舰队任驱逐舰航海长。1932 ~ 1939 年在太平洋舰队历任护卫舰舰长、驱逐舰舰长、驱逐舰支队支队长。1940 年 6 月调黑海舰队任巡洋舰支队支队长。

戈尔什科夫

卫国战争开始后,在黑海舰队作战。于 1941 年 9 月,在敖德萨保卫战中,指挥黑海的首批登陆兵在格里戈里耶夫卡地域登陆,支援敖德萨防御地域的部队成功地进行了反突击。1941 年 10 月任亚速海区舰队司令。1941 年 12,在刻赤—费奥多西亚登陆战役中,组织区舰队的兵力,在暴风雨袭击和敌人顽抗的情况下,遣送约 6000 人及军事装备的登陆兵在刻赤半岛登陆。1942 年夏,亚速海区舰队在其指挥下成功地支援了外高加索方面军和北高加索方面军的部队。苏军向新罗西斯克撤退后,亚速海区舰队冲出亚速海进入黑海。1942 年 8 月任新罗西斯克防御地域副司令,参加了该城保卫战的领导工作;11 月代理第 47 集团军司令,参加了保卫高加索的作战。1943 年 2 月起复任亚速海区舰队司令。在 1943 年夏季攻势期间,亚速海区舰队在敌人翼侧和后方多次进行战术登陆,成功地支援了北高加索方面军消灭敌塔曼集团的作战,同时也支援了南方面军第 44 集团军部队在滨海方向上的进攻。1943 年 9 月,亚速海区舰队遣送的登陆兵占领奥西片科(别尔江斯克)港之后,使敌人无法从海上撤走部队和军事技术装备。在 1943 年 11 月

"戈尔什科夫元帅"号航母

至 12 月刻赤—埃利季根登陆战役中,领导登陆兵准备和实施登陆,后又领导第 56 集团军的部队渡过刻赤海峡挺进克里木。1944 年 4 月起任多瑙河区舰队司令,参加了雅西—基什尼奥夫战役,不但保障了乌克兰第 3 方面军的部队强渡德涅斯特湾成功,而且突入到多瑙河三角洲,遣送登陆兵上陆,占领了许多港口和基地。在他的指挥下,亚速海区舰队在贝尔格莱德和布达佩斯战役中支援乌克兰第 2、3 方面军的部队,参加解放南斯拉夫首都和匈牙利首都的作战,并完成了遣送战术登陆兵登陆、舰炮火力支援、部队和辎重渡河等任务。1945 年 1 月起任黑海舰队所属分舰队司令。

1948 ~ 1951 年任黑海舰队参谋长。1951 年 8 月任黑海舰队司令。1955 年 7 月任海军第一副总司令。1956 年 1 月任前苏联国防部副部长兼海军总司令。作为前苏联现代海军的创始人,戈尔什科夫是一个海军强国论者,西方称他为现代的马汉。其在任内大力发展战略导弹潜艇和远程航空兵,同时提倡均衡发展其他海军兵种,把前苏联海军从一支近海防御力量发展成为能遂行各种作战任务的"远洋导弹核海军",对前苏联海军建设和发展起了重要作用。在发展和建设海军,以现代化舰艇和军事技术装备海军,并使之处于高度的战备状态方面,在组织舰艇远航和海军兵力到辽阔的世界海洋上积极活动,以及组织海军与其他军种协同和前苏联海军与华沙条约缔约国海军的协同等方面,均做有巨大贡献。70 年代,曾两次指挥前苏联海军在世界各大洋举行大规模演习。

1956 年被选举为苏共中央候补委员,1961 年起为中央委员,前苏联第四至九届最高苏维埃代表,1985 年 12 月任苏联国防部总监察员。两次获苏联英雄称号,获列宁勋章 5 枚,十月革命勋章 1 枚,红旗勋章 4 枚,一级乌沙科夫勋章、一级库图佐夫勋章、二级乌沙科夫勋章、红星勋章和三级在前苏联武装力量中为祖国服务勋章各 1 枚,荣誉武器 1 件。前苏联"基辅"级航空母舰其中的一艘以"戈尔什科夫"命名。1988 年 5 月 13 日,戈尔什科夫病逝。

10. 海军上将中的上将——斯普鲁恩斯

雷蒙德·埃姆斯·斯普鲁恩斯(1886 ~ 1969),美国海军太平洋舰队总司令兼太平洋战区最高司令,海军四星上将。

1886 年 7 月 3 日,斯普鲁恩斯出生在马里兰州的巴尔的摩,不久他的家迁到了印第安纳。在童年生活中他缺少温暖,他的父母都不太关心孩子的事情。尽管学习成绩常获高分但并不能够引起家人的重视。

斯普鲁恩斯

1903 年 7 月,斯普鲁恩斯从印第安纳州考入美国海军学院。在军校时,他很少引人注意,尽管他是一个沉默、内向的青

未来军官之路

年,但他很用功。在毕业时是全班209人中的第25名。他第一次担任指挥职务是在美国海军首次建造的鱼雷驱逐舰"贝恩桥"号上。1906年9月毕业后赴战列舰上服役。1913年升任美国海军亚洲舰队所属的驱逐舰上尉舰长。1919年,出任哈尔西驱逐舰分遣舰队的"爱伦华德"号驱逐舰舰长,颇受哈尔西的赏识。1921年,先后出任美国海军工程局调拨处处长和电力处处长。1924年,调任"戴尔"号驱逐舰舰长,稍后出任美国驻欧洲海军司令安德鲁斯的助理参谋长,不久又改任"奥斯本"号驱逐舰舰长。

132

美军斯普鲁恩斯海军上将、尼米兹海军上将和巴克纳陆军中将

1926年夏,斯普鲁恩斯进入美国海军军事学院深造。1933年5月,已晋升为海军上校的斯普鲁恩斯出任驱逐舰护航舰队司令沃森的参谋长。1935年4月调任海军军事学院战术系主任,培养的学员有许多在第二次世界大战中任要职。1938年,出任"密西西比"号战列舰舰长。1940年2月,升任第10海军军区司令,同年10月晋升为海军少将。随着欧洲战事的发展,其职责逐渐增加。1941年6月,兼任加勒比海战区司令。1941年9月,出任太平

洋舰队第5巡洋舰分遣舰队司令。1941年12月2日,斯普鲁恩斯率部离开珍珠港,在哈尔西指挥下执行向威克岛运送战斗机的任务,因而免遭珍珠港劫难。此后,数次率部为航空母舰特混舰队护航。

1942年5月,经哈尔西力荐并得到尼米兹的批准,斯普鲁恩斯接任第16特混舰队司令。5月28日斯普鲁恩斯率2艘航空母舰("企业"号和"大黄蜂"号)、6艘巡洋舰和9艘驱逐舰离开珍珠港,于6月3日与弗莱彻在中途岛东北的预定海域会合,等待与日本联合舰队交战。

6月4日黎明,日本航空母舰舰队司令南云下令第一攻击波轰炸中途岛。因为不知道美国舰队就在附近,南云为使第二攻击波尽快出动,将原计划对付航空母舰而携带鱼雷的飞机全部改装炸弹。正在此时,侦察机报告发现美国航空母舰,使南云左右为难:第一攻击波即将降落,需要补充油料和炸弹;第二攻击波又需要重新换装鱼雷,保护航空母舰的战斗机即将耗尽油料。南云下令一面向北撤退,一面接收飞机、换装鱼雷、补充油料,而卸下的炸弹就放置在航空母舰甲板上。

"大黄蜂"号航母

与此同时,注重空中搜索的斯普鲁恩斯得到侦察机的报告:发现 2 艘日本航空母舰,有大批飞机飞往中途岛。斯普鲁恩斯据此判断出日机的返航时间,下令"企业"号和"大黄蜂"号航空母舰的舰载机从远离日舰 200 海里的地方全部起飞,突袭日本航空母舰。美军先后有 3 个鱼雷轰炸机中队飞抵目标上空,但因没有战斗机护舰而攻击失利,41 架轰炸机当中只有 6 架得以返回航空母舰。然而,南云既没有很好地组织空中侦察,又无法迅速派出战斗机,还忽略了重要的规律——鱼雷轰炸机出现在哪里,俯冲轰炸机就会随之来临。就在南云的大部分飞机在甲板上待命起飞的时候,斯普鲁恩斯的俯冲轰炸机飞抵日本航空母舰的上空,弗莱彻的飞机也随后赶到。前者向着"赤城"号和"加贺"号航空母舰俯冲投弹,后者则向"苍龙"号航空母舰俯冲。"赤城"号中弹后引起甲板上的炸弹爆炸,"加贺"号和"苍龙"号亦中弹,陷入火海,先后沉没。当天稍晚,脱逃的"飞龙"号航空母舰舰载机发现并击毁了弗莱彻的"约克敦"号航空母舰,弗莱彻将指挥权移交给斯普鲁恩斯。斯普鲁恩斯率舰队将迎面而来的

日本海军上将南云忠一

"飞龙"号航空母舰击沉后即不顾上级的责备和参谋人员的反对而收回全部飞机,掉转航向,迅速撤往中途岛附近海域,午夜过后再率部西返,以便在天明时充分发挥舰载机的优势,使山本通过夜战复仇的计划破产。

　　1943 年 8 月,斯普鲁恩斯出任中太平洋舰队司令,以"印第安纳波利斯"号巡洋舰为旗舰,组织包括 11 艘航空母舰在内的 5 支特混舰队进攻马金岛和塔拉瓦岛。由于海军炮击时间太短而对敌工事破坏不够,加上空中突击

时机不当且次数太少,两栖登陆效果不佳,使美军血战 3 天才结束战役,歼敌 4000 余人。其中在塔拉瓦以伤亡 3000 余人的代价歼敌 3000 余人,有"可怕的塔拉瓦海滩"之说。斯普鲁恩斯总结此役的经验教训,使两栖作战的理论与战术得到重大发展。

1945 年 9 月,日本战败,第二次世界大战结束,斯普鲁恩斯奉命指挥美国驻日本的全部海军。11 月,升任太平洋舰队总司令兼太平洋战区最高司令。1946 年 3 月,出任美国海军军事学院院长,进行教学改革,强调战略、战术和后勤之间的相互依赖关系。1948 年 7 月,退出现役。1952 ~ 1955 年出任美国驻菲律宾大使。

1969 年 12 月 13 日,战时荣获 3 枚优异服务勋章、被尼米兹称为"海军上将中的上将"的斯普鲁恩斯去世。

七、世界海军著名装备

1. 海上巨无霸——美国海军"尼米兹"级核动力航空母舰

美国海军"尼米兹"级核动力航空母舰是目前世界上现役吨位最大的作

美国"尼米兹"级核动力航空母舰

战舰艇。排水量达93900吨,舰长332.8米,舰体宽40.9米,飞行甲板宽77.1米,吃水11.3米。由2座A4W型压水式核反应堆提供动力,28万马力,航速30节以上,更换一次核燃料可连续运行13年,续航力达80～100万海里,可载各型舰载机90～100架,编制舰员5930

首舰"尼米兹"号

人。"尼米兹"级采用了功率大、结构完善、寿命长的A4W型核反应堆,并装备了计算机数据处理系统和"海麻雀"舰空导弹,服役时间可长达50年。该级舰现有 10 艘,是美国海军观役航空母舰的中坚。

"艾森豪威尔"号

"尼米兹"级首舰"尼米兹"号(舷号:CVN68),以二战时期美国海军太平洋舰队司令尼米兹上将命名,1968 年动工,1972 年下水,1975 年 5 月加入大西洋舰队服役,1987 年转入太平洋舰队,母港设在布雷默顿。1997 年 9 月 5 日~1998 年 2 月 28 日,该舰隶属太平洋舰队,搭载第 9 舰载航空联队,从美国西海岸的圣迭戈出发,横跨太平洋和印度洋,在炎热的波斯湾执勤 3 个月,参加了对伊拉克的空袭作战,然后又穿越红海、苏伊士运河、地中海和大西洋,抵达美国东海岸的梅波特海军基地,在 175 天内环球航行了一周。

该级舰的最后一艘"乔治·H·W·布什"号于 2009 年 1 月 10 日在弗尼吉亚州的诺福克军港举行服役仪式,美国总统布什陪同其父亲前总统老布什参加。老布什是美国历史上首位登上以自己名字命名航母的总统。

2. 海上城堡——前苏联"基洛夫"级核动力导弹巡洋舰

为了与美国海军全面抗衡,履行远洋作战使命,前苏联在 20 世纪 80 年代初建成了二战后世界上吨位最大的导弹巡洋舰——"基洛夫"级核动力导

前苏联"基洛夫"级核动力巡洋舰

弹巡洋舰。该舰为前苏联首级采用核动力推进的水面战舰,满载排水量达24300 吨,首次装备了导弹垂直发射系统和大量导弹,并配有 3 架直升机,其吨位之大,火力之强,一度使各国海军为之震惊。直至今日,它仍然是世界上威力最为强大的水面战舰。

该级舰全长 252 米,宽 28.5 米,吃水 9.1 米,标准排水量 19000 吨,满载排水量 24300 吨,续航力 14000 海里/30 节,堪称世界巡洋舰之最。该舰外形类似于二次大战时的战列舰和重巡洋舰,具有明显的外飘船体剖面和丰满的尾部水线面。其首部细长,顶端上翘;尾部为方形,上面是飞行甲板,下面是机库。它采用两座核反应堆和两座燃油锅炉的混合式动力系统。核动力装置和蒸汽动力装置以平行方式工作。其中两台核装置的总功率达 8 万马力,可以使该舰以 24 节的速度航行。两台蒸汽动力装置的总功率是 4 万马力。两装置如果并机使用,可以发出高达 12 万马力的总功率,使该舰以30 节的高航速前进。

该级舰战斗力惊人,对舰、对空、对潜均有远、中、近三层火力,作战覆盖面广,但体积过于庞大和造价昂贵,也成为日后阻碍其发展的重要因素。

"基洛夫"级的武器系统集中体现前苏联海军当时最现代化的技术,一些已被世界各国海军广泛借鉴,被视为世界海军舰艇发展史上的经典之作。该级舰共装备各型导弹近 500 枚,是美国载弹量最大的"提康德罗加"级导弹巡洋舰的 4 倍,因此又有"海上武库舰"的美称。

"基洛夫"级巡洋舰总共计划建造 5 艘,最后 1 艘因经费等诸多原因取消。首舰"乌沙科夫海军上将"号(原"基洛夫"号)1980 年 12 月 30 日服役;第 2 艘"拉扎耶夫海军上将"号(原"伏龙芝"号)1984 年 10 月 31 日服役;第 3 艘"纳希莫夫海军上将"号(原"加里宁"号)1988 年 12 月 30 日服役;第 4 艘"彼得大帝"号(原"安德罗波夫"号)1998 年 4 月 18 日服役。目前,仅仅"彼得大帝"号保持作战能力,服役于俄海军北方舰队。

"彼得大帝"号

3. 抗"饱和攻击"之最——美国海军"阿里·伯克"级导弹驱逐舰

"阿里·伯克"级导弹驱逐舰是美国 90 年代以后建造的唯一一级水面主战舰艇,它也是美国继"提康德罗加"级巡洋舰后第二种具有抗"饱和攻击"能力的水面舰艇,堪称为当今驱逐舰之"最"。舰上的"宙斯盾"系统、MK-41 垂直发射系统(VLS),使其具有无与伦比的综合防空、反潜、反舰能力。它也因此成为美国 12 大航母战斗群的"贴身护卫"。另外,随着美国"TMD(战略导弹防御)计划"的实施,"阿里·伯克"级将成为海基 TMD 的载体,堪称世界驱逐舰之首。

美国"阿里·伯克"级驱逐舰

该级舰是美国海军专门为"宙斯盾"作战系统和导弹垂直发射系统而设计的驱逐舰,作战系统可同时高速搜索、跟踪处理几百批目标,并可同时引导12枚导弹拦截空中目标,"标准"舰空导弹的备弹量足以对付任何"饱和攻击"。舰首和舰尾分别装备两组MK-41导弹垂直发射系统,备弹90~96枚,并根据作战任务,混合装载"标准"舰空导弹、"战斧"巡航导弹和垂直发射的"阿斯洛克"反潜导弹。

SPY-1D多功能相控阵雷达配合3部SPG-62目标照射雷达、MK-41导弹垂直发射系统,结合多种电子战手段,使该级舰成为防空作战能力最强的驱逐舰,在气象杂波、海浪杂波以及电子干扰环境下,仍具有较强的适应能力和可靠性、抗空中"饱和攻击"能力。

该级舰全长153.8米,(ⅡA型为155.3米),宽20.4米,吃水6.3米,满载排水量8422吨(ⅡA型为9217吨)。主机为4台LM-2500燃汽轮机,总功率10.5万马力,最大航速32节,续航力4400海里/20节。舰员编制303人(ⅡA型380人),其中军官23人(ⅡA型32人)。

4. 最先进的防空驱逐舰——英国海军"果敢"级导弹驱逐舰

英阿"马岛战争"后,英国海军的"舰队防空"能力一曝十寒,英国随后决定与法、意联合研制新一代防空舰,但后来由于种种原因而退出。"果敢"级也因此诞生,该级舰同法、意联合研制的新一代防空驱逐舰"地平线"级一样,也装备了"主防空导弹系统"(PAAMS),只是雷达不同而已。另外,考虑到未来作战需要"果敢"级还为海军陆战队员留下较大的空间。

英国国防部为建造六艘 45 型驱逐舰共计划拨款 55 亿英镑,除"勇敢"号外,其他 5 艘分别为"不屈"(Dauntless)号、"金刚石"(Diamond)号、"天

英国 45 型"果敢"级防空驱逐舰

龙座"(Dragon)号、"保卫者"(Defender)号和"邓肯"(Duncan)号。所有 6 艘军舰均将在 2009 年之前陆续开工建造。

"果敢"级(45 型)驱逐舰具有强大的区域防空能力,其舰载作战系统具备指挥飞机和特混舰队开展联合防空作战的能力,可在一定程度上发挥指挥舰的作用。该级战舰装备的主要防空武器系统为西欧各国联合研制的主动防空系统。目前,防空武器最有可能被英国海军选中的是"阿斯特"30 型中程防空导弹。所有的防空导弹都将被安放在由法国舰艇建造局(DCN)设计的 6 套 8 单元 DCN Sylver A50 型垂直发射装置中。为了达到武器装备与

美国海军的兼容性,后建造的 3 艘 45 型驱逐舰上将采用美制的 MK－41 垂直发射系统,并装备"战斧"巡航导弹、"标准"2 增程型和"标准"3A 战区防御型导弹。

该级舰长 152.4 米,宽 21.2 米,吃水深 5.3 米,满载排水量达 7350 吨,编制舰员 190 人,设计最大航速高于 27 节,航程超过 7000 海里。"果敢"级(45 型)驱逐舰是二战后英国所建造的最大水面战舰,也将是世界上最先进的防空驱逐舰。

5. 微缩版的"基洛夫"——前苏联"光荣"级导弹巡洋舰

冷战结束以后,前苏联改变过去片面强调发展潜艇,轻视发展大型水面舰艇的思想,陆续建成了"基辅"级航空母舰、"基洛夫"级核动力导弹巡洋舰、"光荣"级多用途导弹巡洋舰、"勇敢"级和"现代"级导弹驱逐舰等一系列高性能的作战舰艇。"基洛夫"级和"光荣"级导弹巡洋舰的建造目的都是为当时苏联新建航母护航,打击美国的航空母舰,并担任编队的防空和反潜任务。但由于"基洛夫"级舰采用核动力,满载排水量高达 24300 吨,因而建造和维护耗资巨大,难以批量建造和使用。相比之下,"光荣"级常规动力

俄罗斯"光荣"级巡洋舰

巡洋舰虽然排水量相对较小,仅为"基洛夫"级的一半,但却配备有与"基洛夫"级大致相同的武器,具有相似的攻防能力,且造价适中,因而俄罗斯海军

将重点放在了建造"光荣"级舰上,这也是"光荣"级被称之为缩小型或经济型"基洛夫"级的原因。

该级舰标准排水量为9380吨,满载排水量11490吨,舰长186.4米,舰宽20.8米,吃水8.4米;采用全燃联合动力装置作为推进动力,共装有6台燃气轮机,总功率79.38兆瓦;航速32节,续航力为2500海里/30节或7500海里/15节;舰员编制454人,其中军官62人。

"光荣"级巡洋舰强调单舰的综合作战能力,因而携载有齐全而先进的武器装备。舰上导弹、火炮、鱼雷样样不缺;反舰、防空、反潜攻防兼备,其对空武器主要有SA-N-6、SA-N-4对空导弹,AK-630舰炮以及火箭干扰发射装置,"边球"和"酒桶"电子战对抗装置等,具有远、中、近和高、中、低多个层次的防御能力。其反舰武器主要有SS-N-12反舰导弹、AK-130舰炮等武器,SS-N-12导弹由于具有射程远、战斗部威力大,射速高和突防能力强等优点,因而对敌航空母舰和大型舰构成严重威胁,其反潜武器包括卡-27反潜直升机、舰载反潜导弹、533毫米鱼雷和RBU-6000型反潜深弹等,具有远、中、近三层打击能力,AK-130舰炮还具有对陆攻击能力。

此外,"光荣"级舰以先进的全燃联合动力装置作为推进系统,包括6台前苏联时期研制的第三代燃气轮机,其中4台为加速机,功率为64.68兆瓦;2台为巡航机,功率14.7兆瓦。巡航速度航行时,可使用2台巡航机工作;快速航行时,可使用4台加速机工作;在高速(全功率状态)航行时,同时使用6台燃气轮机工作,各台机器之间转换灵活方便,可根据需要随意调整,既满足高速航行需要,又满足低速航行时节省燃油的要求,具有经济、可靠、续航力高等优点。"光荣"级常规航速为32节,最高航速可达35节,比性能相似的美国"提康得罗加"级快2节以上。

6. 亚洲驱逐舰的佼佼者——韩国海军"KDX－3"级导弹驱逐舰

KDX 系列驱逐舰是韩国海军迈向远洋的重要步骤,其中"KDX－1"级是韩国在"自主研发"战略指导下,自行研发的第一种驱逐舰,从设计思想到性能指标上都侧重于海上反潜,但也具备一定的防空能力,该级舰共建造 3 艘。1996 年,由于战略需求的变化,韩国海军放弃"KDX－1"计划改而发展具有区域防空能力的"KDX－2"级。6 艘"KDX－2"级驱逐舰的服役是韩国海军在反

韩国海军 KDX－3 级导弹驱逐舰

舰导弹拦截方面取得了突破,并首次具备了编队的区域防空能力。正是由于"KDX－2"级舰的出色表现,其后继者"KDX－3"级具备了当今世界上先进防空驱逐舰的典型特点。该级舰装备美国海军最先进的"宙斯盾"7.1 版本,使其 SPY－1D(V)相控阵雷达增加了在近岸水域探测、跟踪掠海飞行反舰导弹的能力。舰上除装备"标准"2blocl3B 和"海麻雀"改进型舰空导弹外,还装备了韩国"天龙"对陆攻击巡航导弹、"海星"反舰导弹、"红鲨"反潜导弹。装备的 MK－41 和 KVLS 两型导弹垂直发射系统,共计 128 个发射单元,数量与美国的"提康德罗加"级巡洋舰相同。该级舰满载排水量 10290 吨,舰长 166 米,航速 30 节以上,续航力 5500 海里/20 节,人员编制 300 人。

该级舰首次亮相是在 2008 年 10 月举办的韩国"2008 年海军国际观舰式"上,该级舰"世宗大王"号担任海上分列式的引导舰。

7. 大洋上的女王——印度海军"加尔各答"级导弹驱逐舰

印度海军最新一级驱逐舰"加尔各答"级是由印度"德里"级驱逐舰改进

印度"加尔各答"级驱逐舰

而来。针对"德里"级舰体外表设备多、隐身性差和电磁兼容性差的问题，"加尔各答"级简化了舰体外表布置，将部分电子设备嵌入上层建筑和桅杆内，甲板由内倾式舷墙包围，全封闭式上层建筑同样具有倾角设计，使全舰外观简洁连续，增强了雷达隐身性。

该级舰具备强大的反舰、近程防空和反潜能力，装备了印度自行研发的"布拉莫斯"超音速反舰巡航导弹垂直发射系统、与以色列联合研发的"巴拉克8"近程防空导弹垂直发射系统、"白头"反潜鱼雷发射装置和俄罗斯RBU–6000反潜火箭等武器系统，能对远程海上、陆地、近程空中和水下目标进行有效攻击。

"加尔各答"级驱逐舰满载排水量7000吨，舰长163米，宽17.4米，航速32节。首舰"加尔各答"号于2003年9月开工建造，预计2010年服役。

8. 水下"黑洞"——俄罗斯海军"基洛"级常规动力潜艇

俄罗斯"基洛"级潜艇由俄罗斯著名的红宝石中央设计局设计。该艇经过多次改进后形成了877EKM和636两种主要生产型号。该型潜艇的主要作战用途为反潜和反水面舰艇，也可执行一般性侦察和巡逻任务。"基洛"级潜艇被认为是世界上最安静的一种常规动力潜艇，西方称"基

俄罗斯海军"基洛"级潜艇

洛"级就像海洋中的"黑洞"，意思是声呐波打到它身上不反射，而它自己又不产生声波。

"基洛"级636型潜艇装备一套多用途战斗及指挥系统，可为潜艇提供控制与发射鱼雷的各种作战信息。该系统的高速计算机可以处理监视设计收集到的信息并通过屏幕显示出来，确定水下和水面目标的数据并计算射击参数，还可以提供自动火控指挥，并在机动和投放武器时提供信息和建议，其发现敌方潜艇的距离是敌方发现该级潜艇的3~4倍。

强大的火力也是"基洛"级显著的特点，该级艇在艇首装备6具533毫米鱼雷发射管，其中最上面的两具是专用于发射线导鱼雷的发射管。877型能够装备53型鱼雷、SET-53M型鱼雷、SAET-60M型鱼雷、SET-65型鱼雷、71型系列线导鱼雷。636型则具备了通过鱼雷管发射"俱乐部-S"潜射反舰导弹的能力。"基洛"级的电子设备可以同时锁定5个目标(手动2个，自动3个)。

"基洛"级潜艇的最大潜深为300米。水面航速为11节，水下航速为20节。

9. 海底"隐形者"——俄罗斯"阿穆尔"级常规动力潜艇

俄罗斯最新研发的1650型"阿穆尔"级常规动力潜艇可以称作是海军装备史上隐身性能最好、噪声最小、性价比最高的潜艇,目前已正式装备俄罗斯海军。该级艇是俄罗斯红宝石中央设计局在"基洛"级636型常规动力潜艇基础上研制出的第4代常规动力潜艇。与上一代"基洛"级潜艇相比,新型潜艇采用了大量新技术,在设计上也有所创新。其中包括以现代数据库技术为基础的新型自动化指挥和武器控制系统,含拖曳阵列在内的新型声呐组,从636型设计经验发展而来的降噪技术。该艇艇身为水滴型设计,艇壳采用了高强度的AB-2钢材,极为光滑的艇身表面敷设有消声瓦,另外还对艇内高噪声设备加装了消声器、隔音罩,从而使噪声降到最小,仅为"基洛"级的1/3。这可确保"阿穆尔"级潜艇发现并攻击前方的敌舰,并及时躲开反潜舰艇的攻击。

在设计方面,该级潜艇的自动化程度和电子设备处于世界先进水平,艇上装有"利蒂"综合作战系统和"利拉"声呐系统,不仅能够确保首先发现敌方目标,而且还能够做到在敌方潜艇位置数据被输入系统15秒后即可实施攻击。

"阿穆尔"级采用了世界新一代潜艇流行的AIP动力装置(不依赖空气推进装置),这种装置通过在艇内安装燃料电池提供动力,与传统的柴

俄罗斯"阿穆尔"级潜艇

电潜艇相比,它无须经常浮出水面,启动柴油发动机充电,从而提高了水下续航时间。新型的"阿穆尔"级 AIP 潜艇将采用两组碱性燃料电池系统,同时还有一套功率为 4100 千瓦的柴电动力装置。整套燃料电池动力装置的功率为 300 千瓦,能保证潜艇在水下以 3.5 节的速度持续航行 20 天。AIP 系统的应用将为"阿穆尔"出色的隐形性奠定可靠的保证。

最令西方国家感到畏惧的还是艇上强大、众多的武器装备:6 个直径 533 毫米的 53 型线导鱼雷发射管(可带 18 枚鱼雷)、中近程 SS－N－15 潜对潜导弹、可由"俱乐部－S"导弹系统发射的 3M54E 反舰巡航导弹、"针"式轻型潜空导弹,以及各型先进水雷(最多可携带 30 枚)。

"阿穆尔"级 1650 型潜艇长 67 米,宽 7.1 米,标准排水量为 1765 吨("拉达"级为 1950 吨),水下排水量为 2650 吨,最大水下续航时间 45 天,水面最大航速为 10～11 节,水下航速 21 节,水下继航能力 650 海里/3 节,下潜深度 250 米。由于自动化程度高,该级潜艇的艇员编制仅在 34～41 人之间。

10. "21 世纪"的潜艇——美国海军"海狼"级核动力攻击潜艇

"海狼"级是美国第 4 代核动力攻击型潜艇,其代号为 SSN。该级艇是一种多用途核潜艇,可执行反潜、反舰、对岸攻击、布雷和为航母编队护航等多项任务。"海狼"级核潜艇为单壳体结构,水滴形艇型,比美军现役的主力攻击型核潜艇"洛杉矶"级显得短粗一点。艇内具有

美国"海狼"级核潜艇

较大空间,居住性好,鱼雷舱可容纳50名突击队员,装备了较大的逃生舱。

"海狼"级核潜艇的动力装置是一座新型加压水冷式反应堆。该反应堆功率大,噪声低,结构紧凑,安全可靠。反应堆最大输出功率为44兆瓦。与美国其他核潜艇不同的是,该艇采用了泵喷水推进技术和主动消声减振技术,使其辐射噪声很低,从而提高了其水下隐蔽性,是代表了国际90年代先进水平的核动力攻击潜艇。"海狼"级潜艇设有8具发射管,分左右两排配置在艇艏,可发射鱼雷、导弹和水雷等多种武器。其主要的艇载武器有:MK48-5型重型反舰反潜两用鱼雷、"战斧"多用途巡航导弹、"渔叉"反舰导弹、"海长矛"反潜导弹、MK50型轻型反潜鱼雷、MK60型水雷、"西埃姆"型潜射自卫式近程防空导弹等。舰载武器的数量超过50枚。

"吉米·卡特"号攻击型核潜艇

"海狼"级潜艇装备了美国最先进的AN/BCY-2型综合作战系统。多种信息的统一处理,实现了高度自动化,使该艇作战反应迅速,可同时对付多个目标。

"海狼"级潜艇是美国历史上吨位最大的核动力攻击型潜艇。艇长99.4米,宽12.9米,吃水10.9米;水下排水量9150吨,水下最大航速35节,最大下潜深度为600米;人员编制130人,其中军官12人。"海狼"级共建3艘:SSN21"海狼"号,1997年7月服役;SSN22"康涅狄格"号,1998年12月服役;SSN23"吉米·卡特"号,2003年服役。该级艇平均造价20亿美元,其中第3艘"吉米·卡特"号艇身加大,艇长增加到138.1米,以便携带更多先进设备、武器或容纳特种部队人员专用舱,它的水下排水量也增加到1.2万吨。因为是最后一艘,美国海军不惜加大投资,造价高达32亿美元。

八、中国海军主要装备

1. 驱逐舰

驱逐舰是一种多用途的军舰,是我国海军的主要舰种之一。驱逐舰以导弹、鱼雷、舰炮等为主要武器,排水量在 2000～10000 吨,航速在 30～38 节,具有多种作战能力的中型军舰。它是海军舰队中突击力较强的舰种之一,用于攻击潜艇和水面舰船、舰队防空以及护航、侦察巡逻、警戒、布雷、袭击岸上目标等,是现代海军舰艇中,用途最广泛、数量最多的舰艇。

(1)前苏联"自豪"级(07 型)

"自豪"级驱逐舰

我国海军第一种驱逐舰,1953 年 6 月 4 日由前苏联出售给中国,1954 年 10 月 13 日交付,一共 4 艘,曾作为中国海军早期的"四大金刚"。90 年代初陆续退役,服役期长达 50 余年,是世界范围内服役时间最长的驱逐舰之一。

该级舰为前苏联二战前仿意大利驱逐舰设计的以鱼雷为主要武器的雷

击舰,由前苏联 C－324 工厂于 1936 年开始建造。加入我国海军后,于 1969 年进行现代化改装,将鱼雷改装成导弹,成为导弹驱逐舰。

排水量:1425 吨(标准),1661.5 吨(满载)

主尺寸:长 103.2 米,宽 10.8 米,吃水 3.19 米

主　机:2 台 12PA68TC 柴油机,每台功率 8000 马力

航　速:26 节

航　程:7200 千米

编　制:190 人

导　弹:2 座双联装"上游"－1(SY－1)反舰导弹发射装置

火　炮:2 座单管 100 毫米炮

　　　　6 座双联装 37 毫米炮(61 式)

火　箭:2 座 250 毫米 5 管反潜火箭发射器

深　弹:4 座深弹发射炮(64 式)和 2 个深弹发射架

(2)"旅大"Ⅰ级(051 型)

"旅大"Ⅰ级(051 型)是我国自行研制的第一代导弹驱逐舰。首舰"济南"号(舷号:105)1968 年 12 月 24 日开工建造,1970 年 7 月 30 日下水,1971 年 12 月 31 日服役。

排水量:3250 吨(标准),3670 吨(满载)

主尺寸:长 132 米,宽 12.8 米,吃水 4.6 米

主　机:2 台锅炉,2 台蒸汽轮机,72000 马力,双轴

航　速:32 节

续航力:2970 海里/18 节

编　制:280 名(其中军官 45 名)

导　弹：2 座三联装"海鹰 – 2"（C – 201）反舰导弹发射装置

火　炮：2 座双联装 130 毫米炮

　　　　4 座双联装 37 毫米人工操瞄高炮

　　　　4 座双联装 25 毫米炮

火　箭：2 具 FQF 2500 型 12 管固定反潜火箭发射器；备弹 120 枚

深　弹：4 座 BMB – 2 深弹发射装置，2 座深弹投放架

"旅大"Ⅰ级（051 型）驱逐舰

（3）"旅大"Ⅱ级（051G1 型）

"旅大"Ⅱ级（051G1）驱逐舰是由"旅大"Ⅰ级（051 型）驱逐舰进行现代化改装而成的导弹驱逐舰。

"旅大"Ⅱ级（051G1 型）驱逐舰

153

105 舰("济南"号)

1987 年,105 舰("济南"号)拆除了后甲板的主炮和防空炮,加装了直升机平台和机库,可搭载 2 架直 -9 反潜直升机。这是"旅大"级导弹驱逐舰中唯一一艘能够搭载直升机的。

排水量:3250 吨(标准),3670 吨(满载)

主尺寸:长 132 米,宽 12.8 米,吃水 4.6 米

主　机:2 台锅炉,2 台蒸汽轮机,72000 马力,双轴

航　速:32 节

续航力:2970 海里/18 节

编　制:280 名(其中军官 45 名)

导　弹:2 座三联装"海鹰" -2(C -201)反舰导弹发射装置

火　炮:1 座双联装 130 毫米炮

　　　　2 座双联装 37 毫米人工操瞄高炮

　　　　4 座双联装 25 毫米炮

火　箭:2 具 FQF 2500 型 12 管固定反潜火箭发射器;备弹 120 枚

直升机:2 架直 -9C

109 舰("开封"号)、110 舰("大连"号)

1991 年,该级舰在"旅大"Ⅰ级(051 型)基础上接受现代化改造,拆除了后部 2 座 37 毫米高炮,安装了一座法国产 8 联装"海响尾蛇"舰空导弹发射架和 DRBC -32E CASTOR -Ⅱ火控雷达。这是"旅大"级舰第一次尝试提高其防空性能。由于空间有限,舰上未安装自动装填系统,导弹由人工装填。

90 年代末,该级舰又一次接受了改造,主要是用 76A 自动 37 毫米高炮换下了手动 37 毫米高炮,用 16 枚(4 座 4 联装发射架)"鹰击" -82(C802)

舰舰导弹换下了6枚HY-2导弹,而且还安装了新的火控雷达、干扰弹发射器和新的指挥控制系统。

改装后其反舰、防空能力大大提高,成为"旅大"Ⅱ(051G1)型。

排水量:3250吨(标准),3670吨(满载)

主尺寸:长132米,宽12.8米,吃水4.6米

主　机:2台锅炉,2台蒸汽轮机,72000马力,双轴

航　速:32节

续航力:2970海里/18节

编　制:280名(其中军官45名)

导　弹:4座4联装C802舰舰导弹发射装置

　　　　1座"海响尾蛇"8联装导弹发射装置

火　炮:2座130毫米双管主炮

　　　　4座37毫米双联自动舰炮

火　箭:2具FQF 2500型12管固定反潜火箭发射器;备弹120枚

"旅大"Ⅲ级(051G2型)驱逐舰

(4)"旅大"Ⅲ级(051G2型)

"旅大"Ⅲ级(051G2型)驱逐舰是在"旅大"Ⅰ级(051型)基础上改进设计建造的改进型导弹驱逐舰。首舰165舰("湛江"号)1981年服役,2003年

进行现代化改装,换装反舰导弹和隐身主炮、红旗-7舰空导弹。该级舰共建造2艘,分别是165舰("湛江"号)和166舰("珠海"号)。

排水量:3250吨(标准),3670吨(满载)

主尺寸:长132米,宽12.8米,吃水4.6米

主　机:2台锅炉,2台蒸汽轮机,72000马力,双轴

航　速:32节

续航力:2970海里/18节。

编　制:280名(其中军官45名)

导　弹:4座4联装C802舰舰导弹发射装置

　　　　1座8联装红旗-7(HQ-7/FM80)舰空导弹发射装置

火　炮:2座100毫米双管隐身主炮

　　　　3座76A37毫米双联全自动高炮

火　箭:2具FQF 2500型12管固定反潜火箭发射器;备弹120枚

鱼　雷:2座3联装324毫米"白头"B515鱼雷发射装置

(5)"旅沪"级(052型)

"旅沪"级(052型)驱逐舰

"旅沪"级(052型)导弹驱逐舰为我国自行研制建造的第二代导弹驱逐舰。首舰112舰("哈尔滨"号),1992年底试航。

2002年,该级舰接受现代化改装,用"鹰击"-82(C-802)换下原来的"鹰击"-81(C-801)反舰导弹,将原来的100毫米炮塔换成了隐身炮塔。该级舰共建造2艘,分别是112舰("哈尔滨"号)和113舰("青岛"号)

排水量:4200吨(满载)

主尺寸:长142.7米,宽15.1米,吃水5.1米

主　　机:2台GELM2500燃气轮机,持续功率55000马力;2台MTU 12V
　　　　　1163 TB83柴油机,持续功率8840马力;双轴,可调距螺旋桨

航　　速:31节

续航力:5000海里/15节

编　　制:230名(其中军官40名)

导　　弹:4座4联装C802舰舰导弹发射装置

　　　　　1座汤姆逊-CSF"响尾蛇"8联装发射装置

火　　炮:1座双管100毫米炮

鱼　　雷:2座3联装324毫米"白头"B515鱼雷发射装置

火　　箭:2具FQF 2500型12管固定发射器

直升机:2架直-9C

(6)"旅海"级(051B型)

"旅海"级(051B型)导弹驱逐舰,1995年12月在大连造船厂开工建造,1997年10月下水,1999年1月1日服役。

其主要任务是攻击水面舰艇与潜艇,并有较强的单舰防御能力。该舰还首次装备编队指挥系统,有较强的编队指挥能力。其综合作战能力高出

"旅海"级(051B型)驱逐舰

051、052 型驱逐舰 1 倍多。

该级舰仅建造 1 艘,即 167 舰("深圳"号)。

排水量:5000 吨(标准),6000 吨(满载)

主尺寸:全长 153 米;宽 16.5 米;吃水 6 米

主　机:CODOG,48600 马力

航　速:30 节

导　弹:4 座 4 联装 C802 舰舰导弹发射装置

　　　　1 座 8 联装 HQ-7(红旗-7)导弹发射装置,备弹 24 枚

　　　　2 座 4 联装长缨-1(CY-1)反潜导弹发射装置

火　炮:1 座双管 100 毫米全自动火炮

　　　　4 座 76A 双管 37 毫米全自动防空高炮

鱼　雷:2 座 3 联装 324 毫米"白头"B515 鱼雷发射装置

直升机:2 架直-9C

(7)"现代级"956E/956EM 型

"现代"级(956 E /956EM 型)驱逐舰为我国向俄罗斯订购,目前在役 4 艘,首舰 136 舰("杭州"号)2000 年 2 月 16 日航抵我国。

排水量:7900 吨(标准),8480 吨(满载)

"现代"级驱逐舰

主尺寸:长 156.37 米,宽 17.19 米,吃水 7.85 米

航　　速:32 节

主　　机:4 座蒸汽锅炉,2 轴,99500 马力

续航力:2400 海里/32 节;6500 海里/20 节;14000 海里/14 节

编　　制:296 名

导　　弹:2 座 4 联装 MOSKIT(SS－N－22"日炙")

　　　　超音速巡航导弹发射装置

　　　　2 座单联装 SA－N－7"牛虻"导弹发射装置

火　　炮:2 座双联装 130 毫米火炮

　　　　2 座双联装 AK130 舰炮,35～45 发/分,射程 29.5 千米

　　　　4 座 AK630 近防炮,3000 发/分,射程 2000 米

鱼　　雷:2 座双联装 533 毫米鱼雷发射管

火　　箭:2 座 RBU－1000 型 300 毫米 6 管反潜火箭发射装置,射程

　　　　1000 米

　　　　2 座 PK－2 型双管干扰火箭发射装置

　　　　2 座 MRG－1 型 7 管多用途榴弹发射器

直升机：1 架卡－28 反潜直升机

(8)"旅洲"级(051C 型)

"旅洲"级(051C 型)驱逐舰是我国自行研制建造的新一代导弹驱逐舰，它集多种高科技武器装备于一身，配备俄制 SA－N－6(里夫)舰空导弹垂直发射系统，能为舰队提供 90 千米以外的区域防空保护。该级舰目前在役 2 艘，分别是 115 舰("沈阳"号)和 116 舰("石家庄"号)。

"旅洲"级(051C 型)驱逐舰

排水量：6600 吨

主尺寸：全长 153 米；宽 16.5 米；吃水 6 米。

主　　机：CODOG，48600 马力。

航　　速：30 节。

导　　弹：2 座 4 联装 C803 舰舰导弹发射装置

　　　　　6 座 8 联装 SA－N－6"里夫"M 区域防空导弹垂直发射系统

火　　炮：1 座 100 毫米单管隐身主炮

　　　　　2 座 7 管 30 毫米近防炮

火　　箭：4 座 3×6 多用途火箭发射器

鱼　　雷：2 座 3 联装 324 毫米鱼雷发射装置

直升机：1 架卡－28 反潜直升机

(9)"旅洋"级(052B型)

"旅洋"级(052B型)通用型导弹驱逐舰是我国自行研制建造的第三代导弹驱逐舰。首舰168舰("广州"号)1999年底开工建造,2002年5月23日在江南造船厂下水。目前在役2艘,分别是168舰("广州"号)和169舰("武汉"号)。

"旅洋"级(052B型)驱逐舰

排水量:6500吨

主　　机:柴燃动力

航　　速:30节

导　　弹:4座4联装C803反舰导弹发射装置

　　　　　2座9M38M单臂防空导弹发射装置

火　　炮:1座100毫米单管隐身主炮

　　　　　2座7管30毫米近防炮

火　　箭:4座3×6多用途火箭发射器

鱼　　雷:2座3联装324毫米鱼雷发射装置

直升机:1 架卡-28 反潜直升机

(10)"旅洋"Ⅱ级(052C 型)

"旅洋"Ⅱ级(052C 型)驱逐舰

"旅洋"Ⅱ级(052C 型)导弹驱逐舰是中国海军第一代装备相控阵雷达、垂直发射系统的具有较强区域防空能力的导弹驱逐舰,被誉为"中华神盾"舰。首舰 170 舰("兰州"号)2003 年 4 月 29 日在江南造船厂下水。目前在役 2 艘,分别是 170 舰("兰州"号)和 171 舰("海口"号)。

排水量:7000 吨

主　机:柴燃动力

航　速:30 节

导　弹:2 座 4 联装 C803 反舰导弹发射装置

　　　8 座 6 单元"海红-9"防空导弹垂直发射系统

火　炮:1 座 100 毫米单管隐身主炮

　　　2 座 7 管 30 毫米近防炮

火　箭:4 座 3×6 多用途火箭发射器

鱼　雷:2座3联装324毫米鱼雷发射装置

直升机:1架卡-28反潜直升机

2. 护卫舰

护卫舰是以舰炮、导弹、水中武器(鱼雷、水雷、深水炸弹)为主要武器的中型或轻型军舰。它主要用于反潜、反舰和防空护航,以及侦察、警戒巡逻、布雷、支援登陆和保障陆军濒海侧翼等作战任务,又称为护航舰。在现代海军编队中,护卫舰是在吨位和火力上仅次于驱逐舰的水面作战舰只。护卫舰和战列舰、巡洋舰、驱逐舰一样,也是一个传统的海军舰种,是世界各国建造数量最多、分布最广、参战机会最多的一种中型水面舰艇。

"江南"级(65型)护卫舰

(1)"江南"级(65型)

"江南"级(65型)护卫舰是我国60年代初根据从前苏联有偿引进"里加"级护卫舰的技术资料、相关设备及材料设计建造的一级火炮护卫舰。首舰501舰("下关"号)1964年8月开工,1966年8月1日服役,现已退役。

排水量:1249吨

主尺寸:长90米,宽10.2米,吃水深3.1米

动　力:2台9EDZ43/67柴油机,6600马力

航　速:23节

编　制:165人

火　炮:100毫米单管火炮3门

　　　　61式37毫米双管火炮4门

机　枪:14.5毫米双联机枪2挺

火　箭:2座65式250毫米5管反潜火箭发射装置

深　弹:4座64式432毫米深水炸弹发射炮

(2)"成都"级(6601型)

"成都"级(6601型)护卫舰是在"江南"级(65型)护卫舰基础上于70年代初进行改装,拆除舰舯的鱼雷发射管,安装"上游-1"型反舰导弹,发展成为我国第一代导弹护卫舰,现已退役。

"成都"级(6601型)护卫舰

排水量:1389吨

主尺寸:长91.5米,宽10.1米,吃水深3.12米

动　力:20000马力

航　速:28节

编　制:190人

导　弹:1座双联装"上游-1型"(SY-1)反舰导弹发射装置

火　炮:100毫米单管火炮3门

　　　　61式37毫米双管火炮2门

火　箭:65式250毫米5管反潜火箭2座

　　　　64式432毫米深水炸弹发射炮2座

(3)"江湖"K级(053K型)

"江湖"K级(053K型)护卫舰是我国于70年代初自行研制建造的第一种防空导弹护卫舰,该级舰装备了我国第一代"红旗-61"近程舰空导弹系统,并实现了对空、舰炮和反潜三大武器系统的指挥自动化。但是,由于当时一些技术问题长期无法突破,"红旗-61"近程舰空导弹系统直至80年代末才最终定型,所以该级舰仅建造1艘。531舰("鹰潭"号),1971年下水,1977年服役,80年代末退出现役,该舰曾于1988年3月14日,参加中越西沙赤瓜礁"3·14"海战,与其他舰只协同击沉越南舰艇1艘,重创2艘。

"江湖"K级(053K型)护卫舰

排水量:1674吨(标准),1924吨(满载)

主尺寸:长103米,宽10.8米,吃水3.1米

主　　机:柴油机2部,14000马力

航　　速:26节

续航力:4000海里/15节

编　　制:200名

导　　弹:2座双联装"红旗－61"型(HQ－61B)防空导弹发射器

火　　炮:100毫米双联装舰炮2座,射程22000米

　　　　　37毫米双联装高炮2座,射程8500米

火　　箭:2座65式250毫米5管反潜火箭发射装置

深　　弹:2座64式432毫米深水炸弹发射炮

(4)"江湖"Ⅰ级(053H型)

"江湖"Ⅰ级(053H型)护卫舰

　　"江湖"Ⅰ级(053H型)护卫舰是70年代初在"江湖"K级(053K型)护卫舰基础上发展的一种对海型导弹护卫舰,也是我国第一种批量生产的导弹护卫舰。

排水量:1425吨(标准),1661.5吨(满载)

主尺寸:长103.2米,宽10.8米,吃水3.19米

动　　力:2台12PA68TC柴油机,每台功率8000马力

航　速:26 节

编　制:190 人

导　弹:2 座双联装"上游-1"(SY-1)反舰导弹

火　炮:2 座单管 100 毫米炮

　　　　6 座双联装 37 毫米炮(61 式)

火　箭:2 座 65 式 250 毫米 5 管反潜火箭发射器

深　弹:4 座 64 式深弹发射炮和两个深弹发射架

(5)"江湖"Ⅱ级(053H1 型)

"江湖"Ⅱ级(053H1 型)护卫舰是 80 年代初在江湖Ⅰ级(053H 型)护卫舰基础上对原有装备进行现代化改装的改进型导弹护卫舰。

"江湖"Ⅱ级(053H1 型)护卫舰

该级舰 534 舰("金华"号)1982 年 5 月 21 日开工建造,1983 年 5 月 27 日下水,1983 年 12 月 13 日服役。

排水量:1565 吨(标准),1960 吨(满载)

主尺寸:长 103.22 米,宽 10.8 米,吃水 3.05 米

动　力:2 台 12E390VA 型中速柴油机,功率 2×8000 马力

4 套 16PA6V280BTC 型柴油发电机组,双桨双舵

航　速:25.5 节

续航力:4000 海里/18 节;自持力 15 昼夜

航　程:7200 千米

编　制:200 人(其中军官 30 人)

导　弹:2 座双联装 SY－1A 舰对舰导弹发射装置

火　炮:2 座 79 式(712 型)100 毫米双联半自动舰炮

4 座 76 式(715 型)37 毫米双联半自动舰炮

火　箭:2 座 5 管 81 型 1200 火箭式深弹发射器

深　弹:4 座 64 式大型深弹发射炮

2 座深弹投放架

2 条布雷轨道,最大携雷量 24 枚

(6)"江湖"Ⅲ级(053H2 型)

"江湖"Ⅲ级(053H2 型)护卫舰

　　"江湖"Ⅲ型(053H2)护卫舰是我国海军 80 年代中期研制开发的第一型全封闭设计、具备"整体三防"能力;第一型装备"鹰击－8"反舰导弹;第一型装备电子战系统,拥有主、被动式两种干扰方式;第一型装备作战指挥系

统等多个"第一"的新型导弹护卫舰。该级舰曾出口泰国,成为泰国海军主力护卫舰。

"江湖"Ⅲ型(053H2)护卫舰 536 舰("芜湖"号)1985 年 3 月 25 日开工建造,1986 年 8 月 9 日下水,1987 年 12 月 29 日服役。

排水量:1720 吨(标准),1960 吨(满载)

主尺寸:长 103.2 米,宽 10.83 米,吃水 3.19 米

动　　力:2 台 18E390VA 型中速柴油机,功率 2×12000 马力

　　　　　4 套 16PA6V280BTC 型柴油发电机组,双桨双舵

航　　速:最大航速 28 节,巡航航速 18 节

续航力:2700 海里/18 节;自持力 15 昼夜

航　　程:7200 千米

编　　制:160 人(其中军官 30 人)

导　　弹:4 座双联装 YJ-1(C-801)反舰导弹发射装置

火　　炮:2 座 79 型 100 毫米双联自动舰炮

　　　　　4 座 76 型 37 毫米双联自动舰炮

火　　箭:2 座 5 管 86 型回转式 1200 火箭式深弹发射器

(7)"江湖"Ⅳ级(053H1G 型)

"江湖"Ⅳ级(053H1G 型)护卫舰是由"江湖"Ⅰ级(053H 型)护卫舰进行现代化改装而成的导弹护卫舰。

排水量:1565 吨(标准),1960 吨(满载)

主尺寸:长 103.22 米,宽 10.8 米,吃水 3.05 米

动　　力:2 台 12E390VA 型中速柴油机,功率 2×8000 马力

　　　　　4 套 16PA6V280BTC 型柴油发电机组,双桨双舵

"江湖"Ⅳ级(053H1G型)护卫舰

航　　速:25.5 节

续航力:4000 海里/18 节;自持力 15 昼夜

航　　程:7200 千米

编　　制:200 人(其中军官 30 人)

导　　弹:2 座双联装 SY - 1A 舰对舰导弹发射装置

火　　炮:2 座 79A 型 100 毫米双联自动舰炮

　　　　　4 座 76A 型 37 毫米双联自动舰炮

火　　箭:2 座 6 联装 3200 型火箭式深弹发射器

深　　弹:4 座 64 式大型深弹发射炮

　　　　　2 座深弹投放架

　　　　　2 条布雷轨道

(8)"江湖"Ⅴ级(053H1Q 型)

"江湖"Ⅴ级(053H1Q 型)护卫舰是由"江湖"Ⅱ级(053H1 型)护卫舰改进而成的反潜型护卫舰,具有典型的试验舰性质,该级舰仅建造 1 艘。544

舰("四平"号)1984年11月15日开工,1985年9月29日下水,1985年12月24日服役。第一次改装,加装了直升机机库和一个直升机起降平台、安装了引进的"鱼叉"直升机助降系统,前主炮换装为1座法国T100C紧凑型100mm单管自动舰炮、加装2座3联装B515型324毫米反潜鱼雷发射器(携带A244/S型轻型反潜鱼雷24枚)等;1987年11月4日,544舰开始第二期现代化改装,完善了76式双37舰炮、增加电子战系统、加装SJD-7型变深度声呐等。

"江湖"V级(053H1Q型)护卫舰

排水量:1674吨(标准),1924吨(满载)

主尺寸:长103.2米,宽10.8米,吃水3.19米

动　力:2台柴油机,总功率超过20000马力

航　速:30节

航　程:7200千米

编　制:190人

导　弹:1座双联装"上游"-1反舰导弹发射装置

火　炮:1座法国克勒索-鲁瓦尔公司的T100C紧凑型100毫米

单管自动舰炮

4 座 76 式双 37 舰炮

鱼　雷:2 座 3 联装 B515 型 324 毫米反潜鱼雷发射器,携带 A244/S 型

　　　轻型反潜鱼雷 24 枚

火　箭:2 座 5 管反潜火箭发射器

深　弹:4 座 BMB-2 深弹发射装置

直升机:1 架直-9C

(9)"江卫"Ⅰ级(053H2G 型)

"江卫"Ⅰ级(053H2G)护卫舰是我国自行研制设计制造的适应 90 年代后、21 世纪初海上作战环境的新一代多用途导弹护卫舰。该级舰有针对性地对舰体、舰载武器、电子设备进行了重新设计和配置,更多地考虑了执行多种不同作战任务的需要,使中国海军第一次拥有了一种同时具备对海、对空及反潜能力的现代护卫舰。

"江卫"Ⅰ级(053H2G 型)护卫舰

该级 542 舰("铜陵"号)1993 年服役。

排水量:2250 吨(满载)

主尺寸:长 111.7 米,宽 12.1 米,吃水 4.8 米

主　机:2 台 12E390 柴油机,持续功率 14400 马力,双轴

航　速:25 节

续航力:3600 海里/18 节

编　制:170 名

导　弹:2 座三联装 C801 导弹发射装置

防空导弹:1 座 6 联装"红旗-61"导弹发射装置

火　炮:1 座双联装装国产 100 毫米炮

　　　　4 座 4 联装国产 37 毫米炮

火　箭:2 具 RBU1200 型 6 管反潜火箭发射装置

　　　　2 座 6 管 SRBOC MK36 箔条干扰发射器

　　　　2 座国产 26 管箔条发射器

直升机:一架直-9C

(10)"江卫"Ⅱ级(053H3 型)

"江卫"Ⅱ级(053H3 型)护卫舰是 90 年代中期在"江卫"Ⅰ级(053H2G)护卫舰基础上改进设计加装现代化武器设备而建造的改进型导弹护卫舰。

该级 566 舰("怀化"号)2001 年 3 月 14 号正式组建命名,2002 年 6 月 2 日服役。

排水量:2250 吨(满载)

主　机:4 台柴油机,双轴,21460 马力

"江卫"Ⅱ级(053H3 型)护卫舰4

主尺寸:长 115 米,宽 14 米,吃水 4 米

航　速:28 节

编　制:180 名

导　弹:2 座 4 联装 C802 导弹发射装置

防空导弹:1 座 8 联装"红旗－7"(HQ－7/FM80)舰空导弹发射装置

火　炮:1 座双联装国产 100 毫米炮

　　　　4 座 4 联装 76A37 毫米炮

火　箭:2 座 6 联装 FQF－2500 反潜火箭发射装置

　　　　2 座 6 管 SRBOC MK36 箔条干扰发射器

　　　　2 座国产 26 管箔条发射器

鱼　雷:1 座 3 联装 324 毫米 MK32F 反潜鱼雷发射装置

直升机:1 架直－9C

(11)"江凯"级(054 型)

"江凯"级(054 型)护卫舰是我国进入 21 世纪后,整合国内外先进造舰

技术自行设计建造的第一代隐形导弹护卫舰。该级舰及其改进型在舰体设

计、动力、武器、雷达、电子战设备等方面都较以往护卫舰有"脱胎换骨"的变化。

"江凯"级(054型)护卫舰

该级舰526舰("温州"号),2003年11月6日下水。

排水量:3600吨(满载)

主　　机:4台18E390VA柴油机,双轴,28800马力

航　　速:28节

续航力:4000海里/18节

导　　弹:2座4联装C－803导弹发射装置

防空导弹:1座8联装"红旗－7"(HQ－7/FM80)舰空导弹发射装置

火　　炮:1座紧凑型100毫米单管自动舰炮

　　　　　4座俄制AK－630近程防御炮

火　　箭:2座6联装FQF－2500反潜火箭弹发射装置

　　　　　2座3×6多用途发射器

鱼　　雷:2座3联装324毫米鱼雷发射装置

直升机:1架卡－28反潜直升机

"江凯"Ⅱ级(054型)护卫舰

(12)"江凯"级改进型(054型)

"江凯"级改进型护卫舰是"江凯"级护卫舰的改进型。其装备了4组8联装国产舰空导弹垂直发射系统以及更为先进的雷达和近程防御系统,从技术水平及作战性能上看,该级舰已具备取代通用型驱逐舰的实力和能力。

排水量:3600吨(满载)

主　机:4台18E390VA柴油机,双轴,28800马力

航　速:28节

续航力:4000海里/18节

导　弹:2座4联装C-803反舰导弹发射装置

　　　　4组8联装国产舰空导弹垂直发射单元

火　炮:1座76毫米单管自动舰炮

　　　　2座7管30毫米近防炮

火　箭:2座6联装FQF-2500反潜火箭发射装置

　　　　2座3×6多用途发射器

鱼　雷:2座3联装324毫米鱼雷发射装置

直升机:1 架卡－28 反潜直升机

3. 潜艇

潜艇是一种能潜入水下活动和作战的舰艇,也称潜水艇,是海军的主要舰种之一。作战使命分为攻击潜艇与战略导弹潜艇;按动力分为常规动力潜艇(柴油机—蓄电池动力潜艇)与核潜艇(核动力潜艇);按排水量分,常规动力潜艇有大型潜艇(2000 吨以上)、中型潜艇(600～2000 吨)、小型潜艇(100～600 吨)和袖珍潜艇(100 吨以下),核动力潜艇一般在 3000 吨以上;按艇体结构分为双壳潜艇、1 个半壳潜艇和单壳潜艇。潜艇在战斗中的主要作用是:对陆上战略目标实施核袭击,摧毁敌方军事、政治、经济中心;消灭运输舰船、破坏敌方海上交通线;攻击大中型水面舰艇和潜艇;执行布雷、侦察、救援和遣送特种人员登陆等。

潜艇具有能利用水层掩护进行隐蔽活动和对敌方实施突然袭击的特点;有较大的自给力、续航力和作战半径,可远离基地,在较长时间和较大海洋区域以至深入敌方海区独立作战,有较强的突击威力;能在水下发射导弹、鱼雷和布设水雷,攻击海上和陆上目标。但其自卫能力差,缺少有效的对空防御武器;水下通信联络较困难,不易实现双向、及时、远距离的通信;探测设备作用距离较近,观察范围受限,掌握敌方情况比较困难;常规动力潜艇水下航速较低,充电时须处于通气管航行状态,易于暴露等也是潜艇的致命弱点。

(1)"R"级常规动力潜艇(033 型)

"R"级常规动力潜艇(033 型)是前苏联 613 型潜艇的改进型。建国初期,根据中苏两国"二四协定",前苏联向中国有偿转让 613 型常规动力潜艇的图纸资料及部分器材设备,此后由中国对其进行仿制并批量生产。"R"级常规动力潜艇(033 型)是迄今中国建造批量最大的一型潜艇,并出口朝鲜、埃及等国。

"R"级常规动力潜艇(033 型)

　　首制艇于 1965 年 12 月在江南造船厂建成。作为原型的 613 型潜艇完全是一型二战时期水平的潜艇。33 型潜艇与 613 型相比主要是增加了 2 具鱼雷发射管、提高水声设备性能、增加蓄电池的水冷却系统、下潜深度增大、提高了在通气管状态下航行的航速。并且采用将贮备浮力转变成超载燃油的途径,巧妙地使续航力和自持力增大了 1 倍,使其在动力装置未作改变,依靠改进流休动力和推进特性,在排水量增大后,潜艇的水下航速仍保持不降低。33 型潜艇的设计在我国常规潜艇中是相当成功的。

　　排水量:1475 吨(水上),1830 吨(水下)

　　主尺寸:长 76.6 米,宽 6.7 米,吃水 5.2 米

　　潜　深:300 米

主　机:2台37-D柴油机,双轴

航　速:15.2节(水上),13节(水下)

续航力:9000海里/9节(水上)

编　制:57名(其中军官10名)

武　器:8具533鱼雷发射管,28枚水雷

(2)"G"级常规动力弹道导弹潜艇(031型)

"G"级(031型)弹道导弹常规潜艇,是前苏联629型潜艇的改进型。建国初期,根据中苏两国"二四协定",前苏联向中国有偿转让了629型弹道导弹常规潜艇的图纸资料及部分器材设备,此后由中国对其进行仿制生产的。

该级艇只建造1艘,舷号200,1964年9月20日下水,1966年服役,主要担负我国海基导弹的试验和训练任务。

"G级"级常规动力弹道导弹潜艇(031型)

排水量:2350吨(水上),2950吨(水下)

主尺度:长98米,宽8.6米,吃水6.6米

主　机:3台73-D柴油机,6000马力

　　　　3台电机,5500马力,3轴

航　　速:17节(水上),13节(水下)

续航力:6000海里/15节(水上)

编　　制:86人(12名军官)

导　　弹:2枚CSS－N－3潜射弹道导弹

鱼　　雷:10具533毫米发射管,艇首6具,艇尾4具

　　　　 12条前苏联53型鱼雷

(3)"武汉"级常规动力潜艇(33G1型)

"武汉"级常规动力潜艇(33 G1型)是在"R"级常规动力潜艇(033型)

武汉级常规动力潜艇(33G1型)

的基础上改装而成的改进型潜艇。该级艇在上层建筑左右舷两侧各增设了3座箱式导弹发射筒。由于艇的上层建筑线型变化较大,使33型潜艇本来就不高的水下航速和水下经济续航力下降不少。为导弹发射的需要,还增加了自动测风仪、方位水平仪和雷弹合用的射击指挥系统,并改装了雷达。该级艇是我国第一艘发射巡航式导弹的常规潜艇,也是唯一的一艘水面发

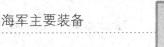

射巡航式导弹的潜艇,所加装的导弹是 C-801 反舰导弹。

该级艇 351 艇("远征-51"号)于 1978 年完成改装设计,1980 年在武汉造船厂开工,1983 年 7 月交付海军,1985 年海上发射导弹试验成功。由于必须在水面发射导弹,已不能适应现代实战的要求,此型艇未曾批量生产,仅生产 1 艘。

排水量:1650 吨(水上),2100 吨(水下)

主尺寸:长 76.6 米,宽 6.7 米,吃水 5.2 米

潜　深:300 米

主　机:2 台 37-D 型柴油机,4000 马力

　　　　2 台电机,2700 马力;2 台备用电机;双轴

航　速:13 节(水上),15 节(水下);10 节(通气管状态)

编　制:54 名(其中军官 10 名)

导　弹:6 枚"鹰击-1"(C-801)

鱼　雷:8 具 533 毫米鱼雷发射管,艇首 6 具,艇尾 2 具

　　　　16 条 SAET 60 型鱼雷

水　雷:28 枚

(4)"明"级常规动力潜艇(035/035G 型)

"明"级常规动力潜艇(035 型)为我国自行研制建造的第一代常规动力鱼雷攻击潜艇。首制艇于 1969 年 10 月开工,1974 年 4 月交付海军使用。1979~1989 年与 1992~1994 年间曾两度停建进行现代化改装型艇的设计,改进型艇于 1988 年 8 月开工,1993 年定型并交付海军使用。

排水量:1584 吨(水上),2113 吨(水下)

主尺寸:长 76 米,宽 7.6 米,吃水 5.1 米

"明"级常规动力潜艇(035/035G型)

潜　　深:300米

主　　机:GE390-ZC-1型中速柴油机,5200马力,单轴单桨

航　　速:15节(水上),18节(水下)

续航力:9000海里/19节

编　　制:57名(其中军官10名)

武　　器:8具鱼雷发射管,16枚鱼雷或32枚水雷

(5)"基洛"级常规动力潜艇(877EKM/636型)

"基洛"级常规动力潜艇,由俄罗斯著名的"红宝石"设计局设计。该级艇虽其各系统单项技术并不突出,但经过俄罗斯的精心整合,综和性能十分先进,尤其是静音效果非常好,被益为"海底黑洞"。"基洛"级潜艇是前苏联第一级采用典型水滴型设计的常规潜艇,艇体圆滑光顺,艇首较圆,艉部细瘦,有利于潜艇在水下快速航行。我国于1995年2月开始引进该级潜艇。

排水量:2350吨(水上),3000吨(水下)

主尺寸:长73.8米,宽9.9米,高14.7米

潜　　深:最大300米,工作深度240米,潜望镜深度17.5米

主　　机:2台柴电机组,装有2组蓄电池,功率2940千瓦,7叶单轴推进

"基洛"级常规动力潜艇

航　　速：11节（水上），18节（水下），最大20节

编　　制：52名

自持力：45天

续航力：水上6000千米/7节，水下400千米/3节

导　　弹：3M95反舰导弹

鱼　　雷：艇首6个鱼雷发射管，12枚备用鱼雷

水　　雷：24枚

(6)"宋"级常规动力潜艇(039/039A型)

"宋"级常规动力潜艇(039/039A型)为中国自行研制的第二代常规动力潜艇。第一艘为320号，于1994年5月下水，从1995年8月开始海试，于1996年5月交付海军使用，1998～1999年完成了发射C801（802）潜舰导弹的试验，成为中国第一个能在水下发射远距离反舰导弹攻击敌舰的常规动力潜艇。

未来军官之路

"宋"级常规动力潜艇(039/039A 型)

排水量:1700 吨(水上),2250 吨(水下)

主尺寸:长 74.9 米,宽 8.4 米,吃水 5.3 米

主　机:3 台德国 MTU2V493 柴油机

　　　　7 叶大侧斜螺旋桨,单轴

航　速:15 节(水上),22 节(水下)

续航力:3300 海里/4 节(水下)

编　制:60 名(其中军官 10 名)

导　弹:C801 潜舰导弹

鱼　雷:533 毫米鱼雷 6 具,发射"鱼-4"自导鱼雷,备弹 18 枚

(7)"汉"级核动力潜艇(091 型)

"汉"级(091 型)核潜艇是我国自行研制建造的攻击型核动力潜艇。首制艇 401 艇("长征-1"号),1968 年动工,1971 年 4 月开始系泊试验,7 月开始用核能发电,主机试车考核,8 月 15 日开始海试。1974 年 8 月 7 日交付海军使用。

"汉"级核动力潜艇(091 型)

该级艇先后于 80 年代后期和 90 年代后期进行现代化改装,改装包括对核反应堆的升级以减少噪音并提高可靠性,加装了法国设计的声呐等。90 年代进行的改造包括使用新型线导鱼雷和从 533 毫米鱼雷发射管发射反舰导弹,并安装新的消声瓦。

该型潜艇采用水滴线型设计,十字形尾,单轴推进,首水平舵置于指挥台围壳前部。艇体采用双壳体结构。耐压船体内设有鱼雷舱、指挥舱、反应堆舱、辅机舱、主机舱及尾舱等。

该级艇从 403 艇("长征 – 3"号)开始在指挥台围壳后安装 C801 反舰导弹发射筒。

排水量:5000 吨(水下)

主尺寸:401、402 艇:长 100 米,宽 11 米,吃水 8.5 米

　　　　403 艇以后:长 108 米,宽 11 米,吃水 8.5 米

主　机:核动力,涡轮—电力推进;1 座压水堆,90 兆瓦,单轴。

航　速:25 节(水下)。

编　制:75 名。

导　弹:C801 反舰导弹

鱼　雷:6 具 533 毫米首发射管

(8)"夏"级核动力潜艇(092 型)

"夏"级(092 型)核动力弹道导弹潜艇在设计上实际是加长的"汉"级潜艇。该级艇在指挥台围壳后面嵌有导弹舱,装有 12 枚"巨浪 – 1"(CSS – N – 3)两级潜射弹道导弹。该级艇 406 艇("长征 – 6"号)于 1970 年 9 月开工,1981 年春节前下水,1983 年 8 月服役。1988 年 9 月,进行实验时成功发射了一枚"巨浪 – 1"型潜射弹道导弹。1995 年底进行现代化改装,改装后可发射"巨浪 – 2"型潜射弹道导弹,最大射程可达 8000 千米。

"夏"级核动力潜艇(092 型)

排水量:8000 吨(水下)

主尺寸:长 120 米,宽 10 米,吃水 8 米

主　机:涡轮—电力推进

　　　　1 座压水堆,90 兆瓦,单轴

航　速:22 节(水下)

潜　深:约 300 米

编　制:84 名

导　弹:12 枚"巨浪"(CSS – N – 3)潜射弹道导弹

鱼　雷:6 具 533 毫米首发射管,备弹 18 枚

4. 导弹艇

　　导弹艇是以反舰导弹为主要武器的小型高速水面战斗舰艇。可对敌大、中型水面舰船实施导弹攻击,也可担负巡逻、警戒、反潜、布雷等任务。导弹艇吨位小,航速高,机动灵活,攻击威力大。排水量为数十吨至数百吨,航行速度 30 ~40 节,有的可达 50 节,续航能力 500 ~3000 海里。艇上装有巡航式舰对舰导弹 2 ~8 枚,20 ~76 毫米舰炮 2 座,以及各种鱼雷、水雷、深水炸弹和舰对空导弹等。此外还有搜索探测、武器控制、通信导航、电子对抗和指挥控制自动化系统。导弹艇的性能特点与鱼雷艇基本相同,但由于导弹在攻击距离,攻击准确性和突然性等方面远优于鱼雷,所以导弹艇具有更强的战斗力。

　　导弹艇自 20 世纪 50 年代末问世以来,在第三次中东战争及其以后的局部战争中得到广泛运用,战果显赫,为越来越多的国家所重视。

(1)"红箭"级(037Ⅱ型)导弹护卫艇

　　"红箭"级(037Ⅱ型)导弹护卫艇,由广东黄埔造船厂制造,现有 6 艘。770 艇("阳江"号)、771 艇("顺德"号)、772 艇("南海"号)、773 艇("番寓"号)、774 艇("连江"号)、775 艇("新会"号)。1997 年 7 月 1 日,770 ~773号艇组成导弹艇大队随驻港部队进驻香港昂船洲基地。

　　"红箭"级设计较为先进,艇身和舰桥都是全封闭的,可防核生化(NBC)威胁,所有从各种传感器得来的数据也是由计算机在指挥和控制系统里进行自动处理。

"红箭"级(037II型)导弹护卫艇

排水量:542 吨

主尺寸:长 65.4 米,宽 8.4 米,吃水 2.4 米

动　　力:3 台柴油机,15000 马力

航　　速:33.6 节

续航力:1800 海里/18 节

编　　制:47 人

导　　弹:2 座 3 联装 YJ－1(C801)舰舰导弹发射装置

火　　炮:37 毫米/63 两联全自动舰炮 1 座

　　　　　30 毫米/65 全自动舰炮 2 座

(2)022 型(2208 级)隐形导弹快艇

022 型(2208 级)隐形导弹快艇是我国自行研制建造的世界上第一型双体穿浪隐形导弹艇

该艇突出隐形性能,能在海浪中快速穿行,并具有双船体外形。022 型要比任何一艘中国海军的常规导弹快艇都要安静,尤其在高速的时候。它

022 型(2208 级)隐形导弹快艇

可以协同其他护卫舰、驱逐舰、岸基侦察机、预警机甚至快艇之间实施"适当前伸"的远海进攻作战。具备了高速、安静、隐形的三大利器。

5. 船坞运输舰

"昆仑山"号船坞运输舰是我国目前吨位最大、设备最先进的运输舰,其吨位大于海军此前所拥有的坦克登陆舰,小于美国"圣·安东尼奥"级,大于日本"大隅"级运输舰。

"昆仑山"号船坞运输舰

该舰采用商船船型,从舰桥前端开始,巨大的船坞几乎占据了该舰长度的2/3,能够容纳4艘气垫船,舰体中部2舷设有车辆人员登陆艇舱室。舰后部为飞行甲板,上层建筑后部的机库可容纳2架"超美洲豹"直升机,飞行甲板还可容纳2架。飞行甲板和机库也可兼作车辆甲板,可搭载500名全副武装的士兵。

排水量:17600吨(满载)

主尺度:长210米,宽27米

动　力:4台柴油机,双轴双桨推进

编　制:120人

导　弹:1座8联装"HQ-7"舰空导弹发射装置

火　炮:1座单管76毫米炮

　　　　4座630式30毫米炮

6. 补给舰

补给舰是海军舰艇系列中一个重要的舰种,是蓝水海军的一项标志性装备。其用途是作为海上机动作战编队的一员,伴随航母、驱逐舰、护卫舰等作战舰只,在航渡中及作战海域为主战舰只补充燃油、滑油、喷气燃料、淡水、食品、备品、给养和各类弹药等消耗物资,使主战舰只的作战半径和在任务海域的有效作战时间成倍扩大和延长。综合补给舰是我国的称呼,其他国家也称其为战斗支援舰。

(1)"太仓"级综合补给舰

"太仓"级综合补给舰是我国70年代后期自行设计建造的补给舰。该舰虽称作综合补给舰,但实际上是以油水补给为主,仅装载少量冷藏食品的油水补给舰。改装为民用油船的"太仓"级3号舰也证明了这一点。"太仓"

级补给舰虽然可以提高舰队的远洋航程,但是无力为远洋作战编队补给作战中最重要也是消耗最多的弹药,使其对提高编队远洋作战能力的作用十分有限。该级舰虽安装有直升机起降平台,具备一定垂直补给能力,但是又未设机库,对补给直升机的保障能力极差,严重影响直升机出勤能力,远洋中自身可提供的垂直补给能力几乎为零。其单主机、单桨推进的设计使其在作战中推进系统一旦受到攻击遭到损害,将严重影响到军舰的航速甚至完全丧失航速,继而对整个编队的作战能力构成影响。

"太仓"级补给舰采用传统布局,上层建筑分前后两部分,中部设有4个油水补给站和2个干货补给站,舰体尾部设有直升机起降平台,可以实现垂直补给,但未设机库。可一次携带燃料10550吨、轻柴油1000吨、补给水200吨、饮用水200吨,以及冷藏食品50吨。

"太仓"级补给舰

排水量:21750吨(满载)

主尺度:长168.2米,宽21.8米,吃水9.4米,最大高度36.2米

动　力:1台柴油机,15000马力,单轴单桨推进

航　速:18.5节

续航力:18000 海里,自持力 90 昼夜,任何装载情况下,能在 12 级风力
下安全航行

火　炮:4 座 76 式双联 37 毫米高炮

(2)"南仓"级综合补给舰

"南仓"级综合补给舰为我国海军目前吨位最大的远洋补给舰。"南仓"
级 885 舰("青海湖"号,原"南运"953,"南仓"号)是 1993 年从乌克兰购买
的一艘未建成的油船,1996 年经大连造船厂改装为补给舰后服役于南海
舰队。

"南仓"级综合补给舰

"南仓"级补给舰拥有 4 个油水补给站和 2 个干货补给站,舰艉设置有
伸缩式机库,可搭载"直-8"型直升机 1 架,具备同时进行左舷(干、液)、右
舷(干、液)、纵向(液)、垂直(干)四个方向的补给能力。同时还设置了 6 部
吊车,拥有很强的锚地补给能力。全舰共装载燃料 9630 吨,弹药、食品、医药
等共计 23000 吨。"南仓"级全舰有 800 多个舱室,共设有 46 个自动化系统,
使人员编制减小,特别是"南仓"级横向补给装置第一次采用了"作用筒式的
张力补偿装置"。该装置可根据补给舰于接收舰之间的钢索拉力在风浪中

的变化适时调节钢索的张力,使之受力保持恒定。极大地提高了补给效力和环境适应力。

排水量:37000 吨(满载)

主尺度:长 188.9 米,宽 25.33 米,吃水 10.41 米

动　　力:1 台柴油机,10600 马力

航　　速:15.5 节

编　　制:125 人

装载量:23000 吨

直升机:1 架直 – 8

(3)"福池"级综合补给舰

"福池"级综合补给舰是我国 20 世纪初建造的新型远洋综合补给舰。

"福池"级综合补给舰

其舰体外形与"太仓"级相似,但是设计较"太仓"级简洁。该舰动力系统采用双轴双桨推进,使航速大幅度提升。机库方面该级舰采用了固定机库,可以装载 1 架"直 – 8"型直升机。另外,该级舰还设置了 4 座双联 37 毫米高炮,具备了基本的自卫能力。补给设备上设有 2 座油水补给站和 2 座干货补

给站,同时还具有纵向油水补给能力。该级舰可装载柴油7970吨、航空煤油2500吨、淡水1095吨、滑油70吨、其他货物680吨,总装载量12315吨。

"福池"级补给舰较"南仓"级有较大的提高。主要表现在:固定机库的采用,使舰载机航空保障能力上了一个新的台阶,真正保证有效的垂直补给能力。双轴双桨的使用一改过去单轴单桨速度慢受攻击后容易丧失动力的弊端。自卫武器的设置,保障了作为军舰自身基本的防卫能力。

7. 舰载直升机

海军舰载直升机是一种可担负反潜、扫雷、攻击水面舰艇、救护、垂直登陆、运输等任务的多用途直升机。舰载直升机一般飞行速度较慢但比较灵活。它可在空中悬停、横飞、倒飞,可在离海面非常低的高度飞行。

舰载直升机反潜时,在超低空海面上悬停,将吊放声呐投放到海中进行探测,3～5分钟后,提起吊放声呐飞到另一海区,再进行同样的探测。直升机用这样的方法能很快完成大面积海区的搜索任务。若发现敌方潜艇,即刻投放反潜鱼雷、深水炸弹进行攻击。由于舰载直升机具有空中悬停、低空性能好等特点,因此大大提高了攻潜作战的效率。

舰载直升机扫雷时,拖带扫雷具在海上作超低空飞行。直升机扫雷比舰艇扫雷的速度快十几倍,而水雷对直升机又构不成威胁,因此可迅速为舰艇编队扫除水雷障碍。

舰载直升机进行武装攻击时,往往是贴近海面低空飞行,隐蔽接近目标,然后突然升空攻击;攻击后立即下降高度,隐蔽返航。这就使得敌方雷达很难发现它的行动。

(1)直-8系列直升机

直-8型直升机是法国SA-321Ja型"超级大黄蜂"直升机的国产改进

型,它是一种多功能支援直升机,用于海上后勤支援、搜救、反潜战、攻击和运输任务,由昌河飞机工业公司研制生产。20世纪70年代初,中国从法国进口了13架SA－321Ja通用运输型直升机。此后,这些"超级大

海军航空兵"超级大黄蜂"舰载直升机

黄蜂"被人民解放军海军广泛用于执行各种任务,包括海上后勤支援、反潜作战演习,以及1980年洲际导弹试验中从南太平洋回收弹头等任务。

(2)直－9C型反潜直升机

直－9C型反潜直升机是法国AS－565型"美洲豹"式直升机的国产改进型,由哈尔滨飞机制造公司生产。它是一种多功能中型舰载直升机,可用于实施反潜作战和执行搜索救援任务。20世纪80年代,中国购

直－9C型反潜直升机

买了大约20架"美洲豹"海军直升机,用于加强水面舰队的实力。这些直升机由海军各种型号的水面舰艇搭载,广泛用于军事演习中的反潜作战、搜索、救援及海上运输补给任务。此后,中国哈尔滨飞机制造厂发展了国产直－9型直升机的海军型,即仿造的AS－565型直升机的姐妹版AS－365N1"海豚－2"型直升机,其部分设计借鉴了AS－565。这一海军改进型被命名为直－9C,它与AS－565有着相似的武器、装备和构造。

除了执行反潜/搜救任务外,直－9C型直升机还可用于提高海军舰艇远

距离观测、侦察和攻击能力。

直 - 9C 型直升机重 2050 千克,最大起飞重量 4100 千克,最大载重量 1900 千克,最大外挂重量 1600 千克,最大时速 305 千米,巡航时速 250 ~ 260 公里,实用升限 6000 米。

(3)卡 - 28 型舰载直升机

卡 - 28 型直升机由俄罗斯卡莫夫设计局研制,它是海军反潜、搜救型直升机,北约代号为"螺旋"。

卡 - 28 舰载直升机为双旋翼直升机,旋翼直径为 15.9 米。桨叶用复合材料制成,上面装有电—热除冰系统和桨叶折叠系统,以便于在舰上停放。其机身紧凑,有不可收放式的 4 点式起落架,以便在 10 级左右的海况条件下在舰船甲板上操纵和起降。

这种共轴式旋翼布局使飞机具有较高的功重比,尺寸小,在恶劣的海况及端流中在甲板上可操纵性好,控制简便,飞行安全等特点。其驾驶简单、飞行导航设备完善,使飞机可由一名飞行员在各个季节、昼夜和利用飞行仪表情况下长时间执行作战任务。

卡 - 28 型舰载直升机

该机的动力装置为 2 台 TV3 - 117VMA 涡轮轴发动机,单台功率 1640.5 千瓦。当其中一台发动机发生故障时,另一台可以较大的应急功率来补足有效动力。全重 12000 千克,最大飞行速度 270 千米/小时,巡航速度 250 千米/小时,悬停高度 5000 米,航程 800 千米,战术半径 200 千米,续航力 2 小时(搜索攻击型)或2.5小时(搜索型),乘员3人。直升机装有1枚自导的鱼雷,1枚火箭助推鱼雷,10枚 PLAB250 – 120 航弹,2枚 OMAB 航弹,主要用于舰队的反潜作战。该直升机可由各级舰船搭载,利用其航空电子设备和自动控制系统探测到深潜的潜艇和水上目标,并将目标数据传送给陆上指挥所,同时飞向指定点由飞行员选用机载武器攻击目标。

卡 – 28 的出口型是在卡 – 27 的基础上发展而来的。它与后者的主要区别是机载设备、敌我识别系统不同,并具有4470升的较大的载油量。

8.“歼轰 – 7”型(“飞豹”)歼击轰炸机

“飞豹”是我国自主研发的双发双座超音速全天候歼击轰炸机,“飞豹”的设计单位是西安飞机设计所和西安飞机工业公司。它的主要作战设计性能是进行战役纵深攻击、海上和地面目标攻击。

我国自 1973 年就开始研究“飞豹”战机,该机于 1998 年 11 月的珠海航展上首次公开亮相,引起国内外媒体高度关注。“飞豹”的研制成功,大大改善和加强了人民海军的全方位作战能力,改变了我国战机对地攻击能力不强的情况。

“歼轰 – 7”型(“飞豹”)歼击轰炸机

1999 年 10 月 1 日,“飞豹”战机参加国庆 50 周年阅兵,编队飞过天安门广场,接受祖国和人民的检阅。

结束语

160多年前,西方列强凭借着船坚利炮轰开了旧中国海防的大门,一次又一次从海上发起了侵略中国的战争,中华民族深陷半封建半殖民地的深重苦难和极度屈辱之中。长达100多年的历史过程中,中国海防从来没有真正起到捍卫国家主权和民族利益的作用。

60年前,一个崭新的人民共和国屹立于世界的东方。毛泽东主席"为了反对帝国主义的侵略,我们一定要建立强大的海军"的题词表现了中华民族洗雪前尘旧耻,自立于世界民族之林的坚强决心和坚定信念。

60年来,英勇的人民海军与共和国一同在战火中诞生,在风浪中成长,在党的领导下不断发展壮大,已经成为一支拥有水面舰艇、潜艇、航空兵、陆战队和岸防部队的多兵种、现代化具备远洋作战能力的海上防御力量。

60年,在中华民族的传统里是一个轮回。对人而言,一生也许只能经历一次轮回,而对于一支伟大的军队而言,60年也许仅仅是个开始……

扬帆励剑,突出重围! 一支强大的"蓝水"海军正踏着郑和下西洋的伟大足迹,航行在通往民族复兴之路的金色航道上! 旧中国百年有海无防的屈辱历史终将永不复返,未来中国海洋强国之梦指日可待!

作　者

二〇〇九年四月六日于北京